ビデオゲームプレイヤーの心理学とゲーム・リテラシー教育

小 孫 康 平 著

風 間 書 房

ま　え　が　き

　33年前にファミコンが発売され，子ども達は，スーパーマリオなどに夢中になり遊んでいた。リズミカルな音楽に合わせて，コントローラーのボタンを押していた。中には，冷静沈着で瞬きもほとんどしないで，ボタンを巧みに操り，あっという間に上位のステージに達する者がいた。それを見て感心するとともに，各ボタンの操作回数や心拍数等の生体信号を測定することができれば，プレイヤーの行動特性を明らかにできるのではないかと，当時は考えていた。

　ところで，ビデオゲームはインタラクティビティを有する代表的なコンテンツである。つまり，ゲームプレイヤーは，ビデオゲーム機が提示する映像などの情報を認識して，ボタン操作を通じてビデオゲーム機に伝える。ビデオゲーム機は，再び新たな映像をプレイヤーに提示する相互干渉性を持ったメディアである[1]。したがって，入力としてのコントローラのボタン操作情報と出力としてのモニタ上の映像情報を記録することによって，どの局面でどのような操作活動をとるのかなど，プレイヤーがどのように遊んでいるのかを明らかにすることが可能となる。

　近年，3次元ビデオゲームが発売されるなど，3次元映像は社会に定着の兆しを見せ始めている。3次元ビデオゲームは，2次元ビデオゲームよりも臨場感が高まると考えられる。一方，ビデオゲームに対する不安は，依然として保護者や教師を中心に根強いものがある。これは，ビデオゲームの使用が発達や健康に悪影響を及ぼす可能性について懸念がもたれているからだと考えられる。また，教育におけるビデオゲームの利活用に関する研究が，世界的に見ても非常に少ないことも不安を与える一因であると考えられる。

　今後は，ただ単に「ビデオゲームをしてはいけない」ではなく，ビデオゲ

ームの特性を知り，上手に付き合う方法を指導していく「ゲーム・リテラシー教育」が必要であると考えられる。

　筆者は，ビデオゲームが人に与える心理学的影響，特にビデオゲームプレイヤーの心理学およびゲーム・リテラシー教育の必要性を学生に伝えたいと常々思っていた。ところが，ビデオゲームプレイヤーに関する学術図書やゲーム・リテラシー教育に関する学術図書は，ほとんど出版されていないのが現状である。そこで，ビデオゲームプレイヤーの心理学およびゲーム・リテラシー教育に関する学術図書の出版を企画したのである。

　本書では，これまでに行ってきた筆者の研究論文を加筆・修正するとともに包括的に再構成し，ビデオゲームのプレイヤーの心理学という身近な現象がどこまで解明されているのかを，様々な実験や調査の結果に基づいて明らかにする。また，ゲーム・リテラシー教育の現状やゲーム・リテラシー教育の指導法について総合的に究明を試みる。

　本書は，メディアの心理学に興味をもっている方々はもちろん，教員を目指そうとする大学生・大学院生，教育関係者，ゲーム開発者，医療関係者，福祉関係者など幅広い人々を対象にしている。本書を刊行することによって，ビデオゲームの心理学的研究やゲーム・リテラシー教育の活性化に寄与するものになればと願っている。

　なお，本書は平成28年度皇學館大学出版助成金の交付を受けて刊行したものである。

　　平成28年8月

　　　　　　　　　　　　　　　　　　　　　伊勢・西宮にて

　　　　　　　　　　　　　　　　　　　　　小　孫　康　平

目　　次

第1章　ビデオゲームの研究方法

1.1.　ビデオゲームとは

　先ずは，ゲームの定義について考えてみる。岩谷 (2013)[1] によると，「ゲームとは一定のルールに基づいたすべての遊びである」と指摘している。

　また，サレン・ジマーマン (2011)[2] は，「ゲームとはルールによって定義され，量的に評価可能な結末が結果として与えられるような，人工的な競合に，プレーヤを没頭させるシステムである」と述べている。

　次に，ビデオゲームの定義について検討する。

　上村・尾鼻 (2010)[3] は，「プレイヤーがビデオゲーム機の提示する映像を「遊びのための映像（遊戯映像）」と理解した上で，その内容に対する判断（遊戯判断）をコントローラの操作を通してビデオゲーム機に伝えると，新たな遊戯映像をビデオゲーム機が提示する。このような繰り返しを実現出来るシステムをビデオゲーム」と定義している。

　また，安川 (1993)[4] は，ビデオゲームには次のような4種類の「経験」があると説明している。①「操作レベルの経験」（コントローラーなどを使った働きかけ），②「表出レベルの経験」（操作の働きに応じた画面の即応的反応），③「メディア制約レベルの経験」（プログラムの制約によって用意された出来事以外は生じない），④「内世界レベルの経験」（プレイするユーザーの内世界）である。

　平林・赤尾 (1996)[5] は，「ビデオゲームとは，コンピュータによって人間たちの「遊び」が凝縮され，かつ編集されたものである」と述べている。

　山本 (1997)[6] は，ビデオゲームをCRT画面に表示される画像を中心として構成されるゲームと定義している。また，その使用形態から，アーケード機，家庭用ゲーム機，汎用PC用ゲームの3種類に分類される。このほかに

液晶ディスプレイによる携帯用ゲーム機があるとしている。

1.2. ビデオゲームの研究方法

　ビデオゲームは，碁や将棋などの従来のゲームと違い，プレイヤーの操作に応じて動作するというインタラクティブ性がある。ビデオゲームで遊ぶという行為は，人類にとって初めての体験であり，多くの人が興味を持ちプレイしている。中島 (2013)[7] は，なぜ面白いのか，なぜ夢中になるのか，などのメカニズムを解明する必要があると主張している。

　東京大学新聞において馬場 (2014)[8] は，ビデオゲーム研究の目的は，ビデオゲームの面白さとは何かを解明することにあると指摘している。また，ビデオゲーム研究の方法論は主に次の3つの領域があり，学際的であると述べている。

　1．自然科学的な研究

　例えば，プレーヤーが予期しないシーンをコンピュータに演出させる手法への応用など，人工知能を用いた研究が盛んに行われている。

　2．人文科学的な研究

　人文科学的な研究であるが，大きく二つに分類できる。一つはゲームのストーリー分析に代表される，「ナラティブ研究」である。もう一つは，ゲームが人に与える心理学的・生理学的影響についての研究である。

　3．社会科学的な研究

　主に，「ゲームビジネス」に関する研究が多く，「より多くの人にゲームを届けるにはどうすればよいか」といったテーマが研究されている。

　吉田 (2013)[9] によると，「ビデオゲームはノンヴァーバルであり，グローバルなメディアである」と述べている。また，「ビデオゲームは直感的で全感覚的なメディアであり，単なる娯楽として無視することができない人類史的意義を持つ」と指摘している。このように，ビデオゲームの研究は，いか

に重要性を持っているかがわかる。

　和田（2010）[10] によると，「ゲームに関する研究は，Active Media の研究と Active User の研究に二分されるという。Active Media はゲームに焦点を当てて心理学的な実験で量的分析を行うことで影響を調べたもので，Active User はゲームプレーヤーに焦点を当ててエスノグラフィーやメディア理論によって質的分析を行うことでメディアの意味や役割，機能を調べたものである」と説明している。

　上村・尾鼻（2009）[11] は，遊びとしてのビデオゲームの研究に着目している。従来の遊びは五感を駆使して行われてきたのに対して，ビデオゲームは視聴覚中心の遊びであり，従来の遊びと比べて「遊び」の全貌を把握することや，ゲームプレイヤーのコントローラ操作履歴記録が可能であるという特徴があると指摘している。つまり，プレイヤーはゲームの画面を見て，どのように考え，どのように判断しながらコントローラを操作しているのかという可視化が可能となるのである。

　また，尾鼻・上村（2012）[12] は，ゲームプレイヤーの操作方法の傾向や熟練，飽きに関する研究を進める際，コントローラーの操作履歴の分析は有用であると指摘している。つまり，飽きなどの心理面とコントローラーの操作という行動面との関係を明らかにできれば，ゲームプレイヤーがどのようにビデオゲームで遊んでいたのかを分析できるのである。

第2章　ビデオゲームの心理学

2.1.　ビデオゲームの心理学的研究の意義

　ビデオゲームは，子どもから大人まで幅広い年齢層の人が楽しむエンターテイメントとして普及している。エンターテインメントの最も重要な研究課題は，「面白いとはどういうことか」，「楽しいとはどういうことか」の追求である[1]。エンターテインメントは，個人によって感性が異なるので非常に困難な課題である。しかし，今後，重要な分野であるので研究を進めていく必要がある。また，ビデオゲームのプレイによる暴力行為の誘発について議論されるなど，ビデオゲームが社会に与える影響も大きく，社会的な問題にもなっている[2]。このような状況においてビデオゲームを行うプレイヤーの心理特性を研究することは非常に重要であり，社会的貢献も大きいと考える。しかしながら，現状ではビデオゲームのプレイヤーに関する心理学的研究が十分なされているとは言い難い。さらに，日本ではビデオゲームなどのエンタテインメントや遊びに関して，学問的に研究を行っている研究者は少ないのが現状である。

2.2.　ビデオゲームに関する心理学的研究

　荷方 (2002)[3] は，ビデオゲームの研究を心理学的な視点から分類し，主に次のような4つの領域があると指摘している。
　(1) ビデオゲーム中の心的過程の解明に関する研究
　(2) ビデオゲームの心理的影響の解明に関する研究
　(3) 実験ツールとしてのビデオゲームに関する研究
　(4) 利用資源としてのビデオゲームに関する研究

そこで，この 4 領域に基づいて，例を示しながら検討する。

2.2.1.　ビデオゲーム中の心的過程の解明に関する研究

ビデオゲーム中の心的過程の解明に関する研究とは，ビデオゲーム中におけるビデオゲームプレイヤーの認知，知覚，意思決定などの心の動きや変化を明らかにする研究である。

ビデオゲームの操作では，最初に画面上に表示された様々な情報の中から必要な情報を取得する。次に，その情報をもとに適切な操作を選択し実行する。例えば，大野・小笠原 (1998)[4] によると，ビデオゲームの熟練者は，短時間で画面上のどの部分に注目するべきかを決定し，その箇所にある情報を取得し，取得した情報をもとにコントローラのボタン操作行動を決定すると説明している。一方，初心者は操作行動や，どこに注目するのかに習熟していないため，結果として必要な情報が得られず，また状況に応じた適切な行動を取れないと考えられると述べている。したがって，プレイヤーの行動がどのように行われているかを明らかにすることができれば，プレイヤーの操作行動を解明することができ，面白く使いやすいビデオゲームを構築する際のデータが得られる可能性があると指摘している。

小孫 (2010)[5] は，ビデオゲームプレイヤーの心理状態を脈波のカオス解析によるリアプノフ指数を用いた客観的指標と質問紙による主観的指標から推定した（第 5 章・第 6 章・第 7 章参照）。また，プレイヤーの心理状態とコントローラのボタン操作行動との関連性を明らかにした。さらに，ボタンの同時押し操作行動の経時的変化についても検討している[6]。

2.2.2.　ビデオゲームの心理的影響の解明に関する研究

ビデオゲームの心理的影響の解明に関する研究とは，ビデオゲームが社会・対人的側面に与える影響を明らかにする研究である。

暴力的なビデオゲームは，凶悪犯罪に繋がるなど，人に悪影響を及ぼすの

ではないかという懸念があるため社会的関心は非常に高いのである。

　先行研究では，暴力的なビデオゲームをプレイすることにより攻撃性が上昇したり，表情認知に対する反応時間が変化したりすることが報告されている[7]。しかし，従来の研究では，短時間プレイした後の短期的な影響を検討したものが多い。したがって，長時間プレイしてどのような影響があるのかを検討することは重要である。

　Tamamiya, Matsuda, Hiraki（2014）[8] は，暴力的なビデオゲームで長時間プレイすることの長期的な影響について，成人男性と女性を対象に実験を行った。被験者は，市販の暴力的，または非暴力的なビデオゲームのどちらかで約1ヶ月間（合計16時間）プレイした。脳波測定と質問紙調査は，プレイ前後，プレイ後1週間以内，さらに3ヶ月後に実施した。脳波測定では，表情写真（怒り顔・恐怖顔・悲しみ顔・喜び顔・無表情）を呈示した際の脳波を記録し，表情認知に関連する事象関連電位成分を分析した。

　その結果，暴力的なビデオゲームで遊んだ成人において，怒り顔の認識に時間がかかることを示唆した。この影響は，ビデオゲームを終了した直後だけでなく，3ヶ月後においても保持されていたと報告している。また，人の攻撃性に関する質問紙調査の結果から，攻撃性は男性成人においてのみ，暴力的なビデオビゲームを終了した直後に増加していた。しかし，3ヶ月後にはビデオゲームをする前の水準に戻っていた。すなわち，暴力的なビデオゲームが表情認知に与える影響は長期的である一方で，攻撃性に与える影響は短期的であることが示唆されたのである。

　ただし，ビデオゲーム機器の種類，ビデオゲーム内容，発達段階など複数の要因が互いに影響する過程については不明な点が多く，今後，さらなる研究が必要であると指摘している[9]。

　文部科学省が公表した全国学力テストと同時に実施した「児童生徒に対する調査」では，ビデオゲームを行う時間が短い児童・生徒の方が，全ての教科で平均正答率が高い傾向が見られると報告している[10]。全国学力テスト

は関心が高いので，多くの保護者はゲームをする時間が長くなると学力が低下するのではないか，発達に影響を与えるのではないか，と心配する可能性がある。

　この点に関して，Nakamuro et al.（2013）[11] は小学校低学年の間にビデオゲームを行う時間が，その後の発達に与える影響についての実証研究を行っている。その結果，「ビデオゲームで遊ぶ時間が長くなると，就学期の家庭内外の問題行動，学校への適応度合いに好ましくない方向で影響を与えることが確認された」と述べている。しかし，毎日 2 時間以上にわたってテレビやゲームに時間を費やさない限り，無視しても良い程度の影響であると報告している。また，「従来の研究では，テレビやゲームに費やす時間に関しては悪影響を与える可能性が大きいという例もあるが，子どもの特性や家庭環境の影響を十分に制御することができておらず，テレビやゲームによるマイナスの影響を過大に評価したことによるものと推察される」と指摘している[12]。

　文部科学省の調査によると，小学生の暴力行為が平成26年度，11,000件を超え，過去最多になったと報告している[13]。この小学生の暴力行為に関して，日常的に暴力的なビデオゲームを行っていると，暴力行為を引き起こすのではないかと，印象を持つ人もいる可能性がある。

　人はビデオゲームのイメージに関して，どのように考えているのかについては第11章で検討する。

2.2.3.　実験ツールとしてのビデオゲームに関する研究

　実験ツールとしてのビデオゲームに関する研究とは，ビデオゲームを心理学実験のツールとして利用し，認知活動などを明らかにする研究である。また，シミュレーションビデオゲームを用いて問題を解決する研究である。

　酒井・大草（2004）[14] は，テトリスを使って，ビデオゲームのいかなる要素がより大きく熱中感に影響するかを検討した。被験者の多くが，ゲームを

長時間持続するという最終的な目標にすることでテトリスに熱中したと推測されると報告している。また，容易にブロックをコントロールできる操作性や，ブロックの綺麗さや落下のなめらかな動き，プレイ中のサウンドなどの現実性も，プレイの楽しさを喚起させる要因になったと想定されると指摘している。

2.2.4.　利用資源としてのビデオゲームに関する研究

　利用資源としてのビデオゲームに関する研究とは，教育分野および福祉分野におけるビデオゲームの利活用に関する研究である。例えば，ビデオゲームを利用して認知機能の向上を図るのである。

　ところで，認知機能とは，記憶，思考，理解，計算などの知的な能力を指すが，年齢とともに低下すると言われている。確かに若いときは，短い文章であればすぐ記憶できたのに，歳をとると記憶することが困難になる傾向がある。例えば，揚げ物をしている途中で電話がかかってきて，話しに夢中になり火事になりかけたという経験はないだろうか。あるいは，コンビニに買い物に行く途中で友人に会い，話しに夢中になり何を買うのかを忘れてしまったという経験はないだろうか。

　これらはいずれも「ワーキングメモリ」が関わっている。ワーキングメモリは，ある事柄を常に「いつでも思い出せる状態」で保持しながら別の課題を処理する記憶である[15]。つまりワーキングメモリは，状況の変化や作業の進行に応じて，必要な情報の保持と処理をダイナミックに行う記憶機能である。

　ワーキングメモリは，言語情報だけではない。暗算などの過程にも関係している。課題の遂行と情報の保持が系列的に処理されるような記憶過程と深く関わっているのである。例えば，58＋26を暗算で計算するとき，8と6を足せば一の位は4で，十の位で1繰り上がって，1＋5＋2で8となり，答えは84となる。桁の繰り上がりを憶えておき，次の計算処理をするのがワー

キングメモリの働きである。

　何か楽しく作業をしながら認知機能を向上できれば一石二鳥である。そこで考えられるのが，ビデオゲームの利用である。それでは，ビデオゲームを利用することで認知機能は向上するのであろうか。

　Anguera et al. (2013)[16] は，ビデオゲームが高齢者の認知機能に与える影響について検討している。被験者は60〜85歳の46人で，「ニューロレーサー」という3D のカーレースゲームを用いた。プレイヤーは左手の親指でコントローラを操作して正しく運転するのである。画面上に特定の色や形をした「サイン」が現れたら，右手の親指でコントローラのボタンを押して打ち落とさなければならない。このようなマルチタスク（同時に複数の作業を行う課題）のプレイを 4 週間（計12時間）にわたって行われ，認知能力テストも実施された。その結果，ワーキングメモリや注意の持続などの認知能力の改善が見られたと報告している。ただし，どんな種類のビデオゲームでも高齢者の認知能力が改善するとは言い切れない。ビデオゲームは万能薬であると考えるのは早計であるので注意を要すると指摘している。

2.3.　ビデオゲームの面白さ

2.3.1.　即応的なリアクション

　安川（1992)[17] は，「初期のビデオゲーム，例えばブロック崩しのようなビデオゲームの面白さの特徴は，「即応的なリアクション」にある」と指摘している。また，ゲーム行為者にとって，「自分の操作や裏技的な攻略法が，自由度の象徴のように思われてしまうことにゲームの魅力がある」と述べている。つまり，ビデオゲームという制約された世界の中で，完全な適応や没入が要求される。そして，そうした適応や没入と「即応するという面白さ」が，内発的な動機付けを形成していくと主張している。

2.3.2. 動因低減説

Hull, C. L. (1943)[18] によると，動因低減説とは，「ある種の快感は，身体に発生した何らかの動因が低減され，元の状態に回復したときに生じる」というものである。

高田 (2001)[19] は，ビデオゲームの面白さについて，動因低減説を用いて検討している。例えば，カーレースゲームでは，プレイヤーは色々な情報を得て，コントローラを調整し，良い成績を得ようとする。しかし，多くのプレイヤーは，初期の段階では「知覚一運動協応」の習得に失敗し，車を上手くコントロールできなくなるなどの欲求不満事態が生じる。上達することによって，欲求不満状態が解消されていく。このように，ストレスフルな事態とその低減が学習されると，次第にストレスフルな事態そのものが快感となると指摘している。

2.3.3. 最適覚醒理論

Ellis (1973)[20] によると，最適覚醒理論とは最適な水準から逸脱すると不快感を誘発するため，脳内の覚醒水準（活動水準）が最適な状態になるように行動する。最適な覚醒水準の刺激としては，新奇性，不確実性，複雑性が必要であると指摘している。つまり，個人が最適覚醒以下のときは刺激を求める。一方，最適覚醒以上の水準にあるときは，刺激を避けるのである[21]。

2.3.4. 能力・効力動機づけ説

新奇性が無くなってもゲームを続ける場合もある。したがって，最適覚醒理論だけでは説明できない。これを補完するのが White (1959)[22] の能力・効力動機づけ説がある。自分の行動が環境に何らかの効果，効力を及ぼすことや，その結果を見ることが楽しくなるといった一種の覚醒追及行動が生じる。つまり，自分に身につけた能力があることを証明することで効能感も生まれる[23]。

2.3.5.　面白さと情報負荷

　小川 (2011)[24] は，遊びの「面白さ」は，情報負荷の関数であると指摘している。図2-1は，面白さと情報負荷の関係を示したものである。なお，情報負荷とは，「個人が実際に処理している情報，処理しなければならない情報，あるいは処理しようと思っている情報によってもたらせられる精神的，身体的負担を指す」と述べている。

　また，「情報負荷が個人にとって低（もの足りない）水準（A点），高（手に余る）水準（C点）では，面白さの程度は低いのである。一方，情報負荷が適度（B点）のときは，面白さの程度は高いのである。つまり，情報負荷が中間程度のときが，面白さを感じる時である」と指摘している。

　さらに，最適な情報負荷を得るには，シンプル化と複雑化の2つの方法があるという。「個人の情報負荷状態が，最適な情報負荷よりも手に余る高い状態にある場合，個人は，シンプル化することによって情報負荷を減らす。一方，もの足りない低い状態にある場合，複雑化することによって情報負荷を増やし，個人の最適情報負荷を求めることになる」と指摘している。

　このように，最適な情報負荷は，いかにうまく遊びの状況・条件設定を作るかによって達成されるとしている。

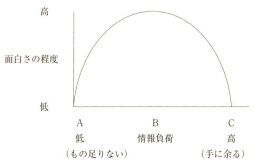

図2-1　面白さと情報負荷の関係（小川 (2011)[24] より引用）

2.3.6. 興味持続モデル

中島（2013）[25] は，興味持続モデルを提唱している。興味持続モデルとは，ストレスと褒美の絶妙な配分バランスによって，知らず知らずの内に努力させられ，最終的に大きな達成感を提供するモデルである。興味を惹きつけ，興味を持続することが次の需要を生むことになると述べている。

2.3.7. フロー理論

Csikszentmihalyi（1990）[26] は，楽しさを覚える状態を Flow（フロー）と定義した。また，その形式的特徴を Flow 理論としてモデル化した[27]。

ところで，児童・生徒の学習意欲を高めるための教育方法や指導法の研究は盛んに行われている。特に，フロー理論は，学習意欲の改善を図ることができる可能性があると考えられる。しかし，フロー理論を教育分野に応用した研究に関しては，実際的な方法はほとんど提案されておらず，実証的研究に関する論文も少ないのが現状である。

浅川ら（2011）[28] は，フロー理論に基づいて，生徒が自己の力を精一杯発揮し，夢中になって教科の本質に向かうような授業を創りあげていく実践例を報告している。

また，加藤ら（2013）[29] は，学習教材に対する学習意欲を改善するために，フロー理論に基づいて開発したチェックリストを評価し，改善するとともに実用性を検討している。

浅川・チクセントミハイ（2009）[30] は，e-Learning およびビデオゲームのためのフロー理論について検討している。人間がフローという楽しい経験を通してより複雑な能力を身につけ，成長していく過程は次のようなパターンが考えられると述べている。

①能力は低いが，課題の困難さも低いときは，つりあった状態にありフローを経験する。

②活動を繰り返し行うことにより能力が高くなるが，困難さが低いときは，

退屈なものと感じ始める。そこで，困難さを上げて再びフロー状態に戻ろう
とする。

　③能力が低いときに，困難な課題が与えられると不安を感じる。そこで，
能力を向上させて再びフロー状態へ戻ろうとする。

　④さらに能力が高まれば，困難さが依然と同じであれば退屈と感じるよう
になり，より高いレベルの挑戦に遭遇すれば不安を感じるのである。

　⑤不安な状態を脱し，フロー状態に戻るためには，さらに高次な挑戦的活
動に取り組むか，あるいは挑戦に見合ったレベルの能力を身につけなければ
ならない。このように，人はフローという楽しい経験を通してより複雑で高
度な技術や能力を身につけていくことになると指摘している。

　梶浦・中山（2012）[31]は，ブロック崩しゲームに付与する効果音が，ゲー
ム場面を見ている視聴者のフローにどのような影響を及ぼすのかを明らかに
するために，音の「高さ」と「音色」の複雑さを指標として実験を行った。
その結果，ゲーム画面を見ている視聴者は，効果音の「高さ」と「音色」の
両方が複雑になると，より高いフローが得られることを明らかにした。

　また，梶浦・中山（2010）[32]は，ゲームに集中していない状態で見ている
視聴者は，ゲームに相応な音楽が付与されると，フローが高まる。また，ゲー
ムに集中しているプレイヤーと次にゲームをやろうとしてプレイを見てい
る観客は，ゲームに不相応な音楽が付与されると，フローが減少することを
明らかにした。

　ゲームにおけるフローを評価する指標として，生体信号を用いた研究があ
る。須甲ら（2012）[33]は，生体信号である心拍変動に注目し，LF/HF を用
いるのが妥当である可能性が示唆された。なお，LF は交感神経系の指標と
しての低周波成分である。一方，HF は副交感神経の指標としての高周波成
分である。このように，ゲームプレイヤーの心理状態を推測するために生体
信号を用いた研究が行われてきている。

第3章　ビデオゲームプレイヤーの心理学

3.1.　生体信号を用いた評価

　2010年12月に放送された，「NHK スペシャル　世界ゲーム革命」の番組の中で，開発中のゲームをプレイして改善点を見つけることを仕事としているゲーム評価の企業について紹介された。ゲームの面白さを主観的なアンケート調査だけではなく，脳波測定装置を利用して客観的に測定しようという試みが進められているという内容である。脳波を測定することで，プレイヤーがゲームのどこで集中するのか，どこで飽きるのかを調べるのである[1]。

　ところで，ビデオゲームをプレイしている時に生じる面白さや爽快感などの心理状態に関する研究では，ビデオゲームプレイ時に感じたことを口頭で報告させ，その会話データをもとに分析を行うプロトコル分析や面白さや爽快感に関する質問紙を用いた調査といったプレイヤーの主観的評価に留まっている。しかし，従来の主観的データに依存する質問紙のような方法では，客観的な評価は困難である。

　何か客観的な評価によってビデオゲームのプレイ時の心理状態を明らかにすることができれば，新たなゲームを開発する際の貴重なデータとなる。その点，生体信号にはビデオゲームのプレイに伴ってプレイヤーに生じる生体信号の経時的変化を客観的に分析できるなどの利点がある。

　また，従来のビデオゲームにおけるプレイヤーの操作の評価に関する研究では，ゲームのスコアやタイムなどの成績で検討を行ったものが多い。しかし，この方法では，ビデオゲームプレイ時の操作行動の詳細な分析は困難である。生体信号とコントローラのどのボタンを何回押したかなどの操作履歴との関係を求めることができれば，ビデオゲームプレイ時の心理状態および

操作行動の特徴を定量的に記述することが可能となる。

　ところで，生体信号とは瞬目（しゅんもくと読む。瞬きのこと），瞳孔，脈波，精神性発汗，脳波などがある。例えば，ビデオゲームを夢中にプレイしている子どもの横から瞬目を観察してみると，ほとんど瞬きしていないことが分かる。すなわち，瞬目はプレイに夢中になると少なくなるので，興味や関心の指標として利用できるのである[2]。

　ここでは，コンピュータディスプレイ上の文字の読みやすさ（視認性）を瞬目で評価する方法について紹介する[3]。

　コンピュータディスプレイ上の文字を読んでいる時は注意が要求される。コンピュータディスプレイ上の文字を読む場合は，背景色と文字色の組み合わせで読みにくいなどの理由で，瞬目率（1分間あたりの瞬目数）が異なった結果になる可能性がある。

　図 3-1 のように，パソコン画面の中央部に濁音を除いた無意味な平仮名36文字を，6 文字 × 6 行に等間隔に並べて画面に提示する。16名の大学生を対象に，縦方向あるいは横方向に読み切るまでの音読時間と瞬目数を測定するのである。瞬目は瞼の上下に電極を取り付け，信号を測定する眼球電図法と呼ばれている EOG（electrooculography）法で記録した。背景色は黒と白の 2 種類とした。一方，文字色は青・赤・紫・緑・水色・黄色・白・黒（背景と同じ場合は除く）とした。

　図 3-2 は，横方向の読みにおける背景色が白のときの各文字色と平均瞬目率との関係を示したものである。黄色および水色は他の文字色よりも瞬目率

```
うるやはむは
たろさせこね
りせとみひき
ねたひはきみ
すゆせこしは
ひまおうそし
```

図 3-1　課題の一例[3]

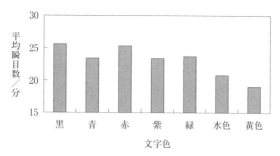

図 3-2　背景色が白のときの文字色と平均瞬目率との関係（横方向）
（小孫・田多（1999）[3] を基に作成）

が低いことがわかる。また，読みやすさの主観的評価に関しては，黄色と水色が他の文字色に比べて極めて読みにくいと回答した。すなわち，読みづらい場合は読みやすいときよりも注意が集中し，瞬目率が低下することを示している。したがって，瞬目は視認性の指標となる。

　また，小孫・田多（1999）[4] は，瞬目が連立方程式を解答している際の課題困難度や学習評価の指標として有効であることを示した。

　このように，生理心理学の実験研究では，被験者に刺激を与え，それによって生じる生体信号を測定し，その生体信号から心の活動を推定していくのである。

　生体反応情報としては，脳に関する情報，眼球運動に関する情報，自律神経系に関する情報などが挙げられる。こうした生体反応情報と精神活動との関係モデルがいくつか提案されている。図 3-3 は，中山（1993）[5] および寺尾（2012）[6] を参考にして，測定可能な生体信号を分類したものである。

3.2.　生体信号を用いたゲームプレイヤーの心理状態

3.2.1.　脳波

$Fm\theta$ は，ビデオゲームの興味関心度や面白さの高さに応じて出現率が高くなり，「精神集中」を反映した指標であると指摘されている[7]。

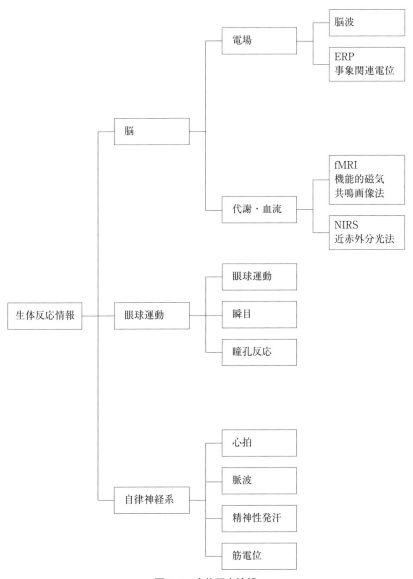

図 3-3　生体反応情報

（中山 (1993)[5]，寺尾 (2012)[6] を基に作成）

　松本・本平・諸冨 (2012)[8] は，興味関心度，ゲーム集中状態及び性格特性と $Fm\theta$ の出現率との関連性について，「暗算」，「テトリスゲームプレイ及び観察」課題を用いて検討した。その結果，興味集中度と $Fm\theta$ の出現との間に正の相関が認められたのである。また，テトリスプレイ中のブロック段数については中程度の段数で $Fm\theta$ の出現数が最も多く，終盤では最も少なかった。これらの結果から $Fm\theta$ は，興味集中の程度を反映する成分であることが示唆されたと述べている。

　一方，二ノ宮・相浦・柿木 (1998)[9] は，興味の定量化を行うために，テトリスの難易度を易しい条件と難しい条件に設定して実験を行っている。なお，易しい条件は 8 段階あるゲームの中から一番簡単なレベルであった。また，難しい条件は中間のレベルに設定した。その結果，$Fm\theta$ の出現率は，難しい条件の方が易しい条件よりも多かった。一方，瞬目率は難しい条件の方が易しい条件よりも低かった。

　つまり，被験者が興味を持ち，課題に集中したために $Fm\theta$ が多く出現したと考えられる。また，難しい条件では課題に集中したために，瞬目率が減少したのである。

　ビデオゲームのプレイにおける上手下手と，ビデオゲームの好き嫌いとの関係について Laukka et al. (1995)[10] は，ドライビングゲームにおいて，車の操作が上手に行われている時に $Fm\theta$ の発生がより多く測定され，練習回数を重ねるごとに増加していったと報告している。この結果は，ゲームを上手に操作することで，徐々にゲームに集中し，没頭していくことを示唆している。

　植村・松下 (2012)[11] は，コントローラ操作と脳波を計測し，ゲームプレイによる脳波の変化について検討した。その結果，ゲームプレイ中では，ゲームプレイ前と比較して，特に β 波の増加が認められた。この β 波が，ゲームプレイにより変化する脳波の指標になるのではないかと示唆している。

3.2.2.　事象関連電位

　事象関連電位（ERP：Event-related potential）も脳波と同様に，従来から脳活動の評価に利用されてきた。事象関連電位とは，被験者にある課題を行わせながら脳波を記録し，特定の事象の前後の脳電位を加算平均して測定する方法である[12]。

　ビデオゲームは，ゲームを一人でプレイするよりも，誰かと対戦してプレイする方がより楽しく感じられるのではないかと考えられる。しかし，誰かと対戦することで，動機づけや没入感がどれくらい高まるのかを客観的な指標で測定できれば，ゲーム研究に貢献できる。この点に関して，久保・川合（2014）[13]は，ゲームを単独でプレイする条件と，相手（サクラ）と対戦する条件を設け，ゲームとは無関係な音刺激に対して注意を反映する事象関連電位（P300）を測定したのである。その結果，対戦条件では音刺激に対するP300は減少し，主観的な評価である興味，面白さ，楽しさが増大したのである。つまり，対戦相手の存在は，ゲームに多くの注意を向けさせ，深い没入感を生じたと指摘している。

3.2.3.　機能的磁気共鳴画像法（fMRI）

　fMRI（functional magnetic resonance imaging）は磁石の力を使って，脳のどの部位が活動しているのかを可視化する手法である[14]。またfMRIは，知覚，運動，思考，判断，情動などさまざまな脳機能に応じ，脳内のどの部分の神経が活動しているかを非侵襲的に画像化する技術である[15]。

　斎藤ら（2006）[16]は，ジャンルの異なる3種類のビデオゲームをしているときの脳活動をfMRIを用いて計測した。被験者（10名）にプリズム眼鏡を装着させ，仰向けに寝て足元先のスクリーンに映し出された画面を見ながらゲームをプレイしているときの脳活動を計測した。その結果，複雑なプランニングが必要なマージャンでは，前頭前野の左右両側が賦活（活性化）した。リアルタイムの応答が必要なカーレースでは，前頭前野の右側だけが賦活し

た。一方，プランニングがほとんど必要ない単純な条件反射に近いリズムアクションゲームでは，前頭前野の賦活はみられなかったのである。必要なスキルの違いによってゲームごとに賦活部位に違いがあることが示唆されたのである。

鹿内・水原（2012）[17] は，ムカデゲーム（Centipede game）と呼ばれる2人で行うゲームプレイ時の脳活動を fMRI により計測した。被験者はゲームの中で，相手の行動から協調性を推定した上で，自身の行動を適切に変更することが求められた。その結果，対戦相手の協調性を推定している領野として Dorsomedial prefrontal cortex（前頭前野背内側部：扁桃体の活動を調節するとされる）と Insula（島：側頭葉と頭頂葉を分ける外側溝の内側にある脳皮質）が同定され，これらの領野が報酬系を変調していると示唆された。

3.2.4. 近赤外分光法（NIRS）

近赤外分光法（NIRS：near-infrared spectroscopy）は，生体に透過性の高い近赤外線光を用いて，生体組織における血流，酸素代謝変化を測定する方法である[18]。小型で簡便に使用できる NIRS も開発されている（図3-4）。

松田ら（2003）[19] は，ビデオゲームの特性による脳活動の違いを検討するために，NIRS を用いて，シューティング，リズムアクション，ブロック落

図3-4　小型 NIRS（筆者撮影）

とし，サイコロパズルの 4 種類のビデオゲームの操作中，および前後の局所血流変化を計測した。また，加算作業中の血流を測定し比較した。その結果，ゲームのプレイ中は加算作業に比べて，脳の広範囲で血流が減少し，特にリズムアクションでは，全ての部位で活動が低下することを明らかにしたのである。この結果を見ると，ゲームを行うと脳の前頭前野が活動しないと思われるかもしれない。実は，車の運転など慣れた作業を行っているときには，前頭前野はあまり活動していないと指摘している[19]。

　ビデオゲームも慣れてくると，前頭前野はあまり活動しなくなると考えられるので，初心者と熟達者との比較研究や時間経過による生体信号の変化に関する研究が重要となってくる。

　環境教育において，ボードゲームなどのテーブルゲームを「学習ゲーム」として取り入れるための基礎研究として，NIRS が用いられている。塩田ら(2011)[20] は，ボードゲームにおけるデザイン（ビジュアルデザイン・学習デザイン）について，NIRS による前頭前野の血流量の変化量を計測して検討を行った。その結果，ビジュアルデザインの工夫が有る場合には，右脳の前頭前野が，学習デザインの工夫がある場合には，左脳の前頭前野の活発な活動が見られたと報告している。

　岩谷 (2013)[21] は，ゲームを楽しむことで脳に与える影響を検討した。実験では，NIRS を用いて，ボート漕ぎを楽しむ「ゲームモード」と，単純に運動を続ける「トレーニングモード」とで，運動中の脳血流の変化の違いを計測している。

　Flow 時の脳活動に関しては十分に検討されていない。この点に関して，吉田 (2015)[22] は，Flow 時の脳活動に関して，機能的近赤外分光法(fNIRS：functional Near-Infrared Spectroscopy) を用いてテトリスのゲーム課題最中の前頭前野の酸素化 Hb 濃度の変化から検討した。

　その結果，Flow を誘発するゲーム課題最中には，両側の腹外側前頭前野の酸素化 Hb 濃度が増加し，Flow には前頭前皮質が密接にかかわっている

と考えられると指摘している。

3.2.5. 眼球運動

　小原・藤波（2010）[23] は，リズムアクションゲームの初心者と熟達者では，視線の動きはどのように違うのかを検討している。その結果，初心者はオブジェクトを追いかけるように視線を移動させるために，情報の処理が徐々に追いつかなくなった。一方，熟達者は視線の動く範囲が狭く，難易度が高くなるにつれて停留の割合が増えるなど合理的に視線を移動させていることを明らかにした。

　最近，ゲーム機器メーカーが，ゲームプレイヤー向けの視線追跡デバイス「Sentry Gaming Eye Tracker」を販売した[24]。

　ゲームプレイヤーは画面のどこに注目しているのか，視線をどのように移動させているのかが明らかになる。例えば，ゲームに熟達したプレイヤーがどのような場面で，どこに注意を集中してプレイしているのかが視覚的に分かるようになり，プレイヤーの特性を明らかにすることができる可能性がある。

3.2.6. 瞬目

　ビデオゲームをしている子どもたちは，コントローラを器用に操作しながら無我夢中で行っている。傍から見ていると，ほとんど瞬目をしていない場合が多い。ビデオゲームへの強い関心と注意集中を読み取ることできる[25]。

　佐藤・山田・坪田（1992）[26] は，17名を対象に前方視時，読書時，ワープロ入力時，ビデオゲーム時の瞬目率について報告している。その結果，前方視時での平均瞬目率は20.8回／分であった。同様に読書時は9.6回／分，ワープロ入力時は6.1回／分，テレビゲーム時は5.2回／分であった。ワープロやビデオゲームといった IT 機器を使った作業のときは，他の作業に比べて明らかに瞬目数が減少していることが分かる。また，読書する際は，どちら

かというと下方視になる。しかし，コンピュータなどの画面を見る際は，や
や上方視となり瞼裂幅が拡大する。すなわち，眼表面の露出面積は増え，涙
液の蒸発量が増える。それに伴って涙液の質的，量的な異常が起こり，角結
膜上皮障害が引き起こされる。これをドライアイと呼ばれると報告してい
る[27]。

　メガネの企画・販売など行っている企業から，疲れや眠気などを可視化す
るメガネ型端末が最近，発売された。このメガネ型端末は，眼電図法により
眼電位を測定することで，瞬目や眼球運動を検知することができる[28]。

　従来の眼電位を測定するためには，顔に直接電極を取り付ける必要がある。
しかし，このメガネ型端末は，鼻パッドと眉間部分から検出される眼電位に
より，8 方向の視線運動と瞬目をリアルタイムで測定できるという。

　瞬目数や瞬目速度を測定できればビデオゲームに伴う疲れなどを察知でき，
ゲーム分野の研究にも応用できる。また，メガネを取り付けるだけで瞬目数
が測定できるとなると，多くの被験者から同時にデータを収集することがで
きる。例えば，ビデオゲームプレイ中どの場面で興味をもち集中したのかが
分かり，感性評価に応用することが可能となる。

3.2.7.　瞳孔反応

　広田・川守田・魚里（2014）[29] は，Visual display terminal（VDT）作業を
視覚負荷とした際の瞬目および瞳孔径の動的変化について検討した。被験者
（矯正視力1.0以上の健常若年者11名）は VDT 作業として，ビデオゲームを 1 時
間行った。その結果，VDT 作業後において光刺激に対する縮瞳の遅延が認
められた。また，VDT 作業前と比較して，VDT 作業後は瞬目回数が増加
したのである。

3.2.8.　心拍

　益子・星野（2007）[30] は，運動強度の指標としてゲームプレイ中の心拍数

を測定し，心拍数に応じてゲームの内容を変更することで，個々にあった運動効果と運動達成感を与えるゲーム制御手法を提案している。

3.2.9．脈波

小孫（2012）[31] は，「大航海時代 Online」というゲームを用いて，プレイヤーの脈波を測定しカオス解析を行い，リアプノフ指数を算出した。なお，脈波のカオス解析およびリアプノフ指数に関しては，第4章で詳しく述べる。

「大航海時代 Online」は，15世紀から17世紀の大航海時代を舞台としたゲームである。プレイヤーは，冒険家や商人，軍人，海賊などの職業を持ったキャラクタとして，ゲーム内での交易や探険，戦闘などを行い，ゲーム内通貨やアイテム，スキルを獲得することができる[32]。

図3-5は，航海中に奇襲攻撃を受けるとともに，敵の船員が船に乗り込んできて戦っているとき（戦闘中）のリアプノフ指数の一例を示したものである。また，奇襲攻撃の前後の航海中のリアプノフ指数を示したものである。リアプノフ指数は時間経過とともに変化していることが分かる。

プレイ後のインタビューでは，戦闘中はドキドキしたと述べていることから分かるように，戦闘中は緊張状態でプレイしていることを示唆している。

一方，航海中は心理的負荷が低くリラックスしている状態であることを示唆している。

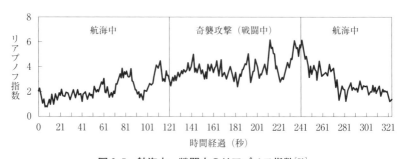

図3-5　航海中・戦闘中のリアプノフ指数[31]

3.2.10.　精神性発汗

　緊張したときは，手掌に精神性発汗が生じる。精神性発汗を電気的にとらえた Skin Conductance Response（SCR）は，精神的ストレスの指標や，感情の指標などにも用いられ，医学や心理学などで研究されている[33]。

　精神性発汗を測定して，被験者の情動状態，認知活動，情報処理過程を評価する指標として利用できる。例えば，棟方（2014）[34] は，開発したゲーム「びっくりクマさん」について，使用したロボットインタフェースの把握の仕方がインタラクションに与える影響を調査した。なお，「びっくりクマさん」は，ユーザの手掌の SCR 値の変動をトリガとして敵が出現するゲームである。

　また，棟方ら（2015）[35] は，バイオフィードバックゲームについて，長期的に体験した場合のトレーニング効果とそのエンタテイメント性について調査を行った。生体情報として，SCR 値を用いて評価を行った結果，バイオフィードバックによるセルフコントロールに成功した。

3.2.11.　筋電位

　長嶋（2015）[36] は，新しい筋電センサーと筋電情報処理手法を開発し，手首から先のジェスチャー認識システムとして簡単なゲームを制作した。その結果，情動・感情を喚起する「癒し系」のエンターテインメントゲームとなりうる可能性を示唆した。筋電センサーとしては「Myo」を用いている。「Myo」は，腕に巻いて筋肉の動きをセンサーで感知し，指先の動きをデータとして取得するデバイスである。

　ゲームでは，一定時間の拘束によりその後のパフォーマンスの向上になるという機能が存在する。その一時的な拘束を「タメ」と呼ばれている。大田ら（2013）[37] は，ゲームにおける「タメ」と爽快感の関係に注目し，検討している。この「タメ」を定量的に計測するために，筋電位を計測し，その振幅の変化を利用することでタメの量を評価することができることを実験的に

示した。

　ゲーム中，敵が向かって来ると，思わず力を込めてコントローラのボタンを押すことがある。また，力が入るため噛みしめている可能性がある。しかし，ゲームプレイ中の噛みしめなどの口腔機能を測定した研究はほとんど見あたらない。金子・飯田（2012）[38] は，ゲームプレイ中の咬筋と口輪筋の筋電図を測定し，口唇や咬筋の影響を調査した。その結果，シミュレーションゲームとアクションゲームでは，操作ボタン回数が多く，複雑であるので上下口輪筋に活動が見られたと報告している。

3.3.　Arduino を用いた生体信号測定

　生体信号を測定するためには，比較的高価な生体アンプが必要であるが，近年，「Arduino」という安価で扱い易いマイコンが開発されている。特に，周辺機器への拡張性が高く，外部のハードウェア制御に特化している。

　図 3-6 は，長野祐一郎（文京学院大学）の指導を受けて，筆者が自作した指尖容積脈波測定装置である。

　山口・櫻井（2013）[39] は，Arduino マイコンを用いたリアルタイムの行動実験制御とデータロギング（測定データをリアルタイムにテキストファイルへ書き出す機能）について検討している。また，生理心理学の分野における行動

図 3-6　自作の指尖容積脈波測定装置（筆者撮影）

実験で計測した行動データを素早く安全に保存することができると指摘している。

　長野（2012）[40] は，Arduino マイコンを生理心理学に応用している。生体信号である指尖脈波等を測定し，得られたデータを検証した。実験結果より，Arduino マイコンを応用した測定機器は，実験に十分使用可能である事が示された。

　また，長野（2012）[41] によると，Arduino の開発，教育環境が，安価かつ容易に利用可能であることの意義は大きく，今後実験心理学において広く普及してゆく事が期待されると述べている。

　さらに長野（2013）[42] は，Arduino マイコンを用いて，運用コストが低く実用性の高い，多人数同時測定が可能な「楽しさ」の評価システムを開発した。

　Arduino マイコンを用いて，ゲームプレイ中の生体信号を測定している研究も行われている。渡邉ら（2014）[43] は，対戦相手の位置情報の有無が，ゲームプレイ時の主観的感情および生体反応に及ぼす影響を検討するため，Arduino マイコンを用いて心拍数等を測定した。その結果，ゲームのリアリティを評価するには，生理指標が有効である可能性を示した。

第4章　脈波とカオス

4.1.　生体信号のゆらぎ

　現在，勤務している大学は緑が多い。研究室の窓から外を見ると木々が覆い茂っており，何か落ち着くのである。

　ところで，木をよく観察してみると実に面白い。少し強い風が吹くと木の葉が大きく揺れる。風が止まると木の葉の揺れもゆっくりと止まる。このように，状態は安定せず不規則にゆらいでいる。この当たり前と思われる現象の中に「ゆらぎ」が存在する。

　また，今日の気圧配置が10年前あるいは20年前の気圧配置とほぼ同じであるからといって，明日からの天候が過去と同じように変化するとは言えない。天気予報でも1週間後の予報は外れる場合が多い。ましてや1か月後の予報はわからない。これらは少しの気象変化の違いが，時間が経つにつれて大きな違いになり，将来の天気が大きく変化するからである[1]。

　つまり，初期条件の僅かな差が時間とともに拡大して，結果に大きな違いをもたらし予想不可能となる。このことをバタフライ効果と呼ばれている[2]。このように，天気もゆらいでいるのである。

　さらに，株の売買を行っている人にとっては，昨今の政治状況や経済状況により株価が大きく変動するので，一日たりとも気が抜けないであろう。同様に為替の変動にも一喜一憂している可能性が高いと思われる。経済現象も常にゆらいでおり，将来の株価を予測することは極めて困難である[3]。

　自然現象や社会現象だけではなく，身近な脈波，心臓の活動など，実にさまざまな生命活動がゆらぎを示すことが明らかになってきている。例えば，心臓の脈動は一定の脈拍数でリズムを刻んでいるように感じられるが，実際

の計測によると，周期的ではなく常にゆらいでいることが知られている[4]。それ以外にも，眼球運動，身体運動，脳波，脳磁界など，実に身体のあらゆる機能にゆらぎが存在する[5]。このように，ゆらぎとは，たえず変動していて，その変化の仕方が不規則な状態であることを示している。絶えずゆらいでいる生体信号には，1980年代頃からカオスが存在するのではないかと指摘された。

4.2.　カオス

　従来，複雑な現象ならば，その原因も複雑なはずであると考えられていた。しかし，複雑な現象であるにもかかわらず，規則的な現象が存在することが明らかになってきた。つまり，変化の仕方が不規則な状態と言っても，単に無秩序ではなく，その背景に規則がある現象も存在するのである。この現象をカオスという[6]。

　なお，カオスに規則は存在するが，ランダムに規則はない。この点においてカオスとランダムは全く別物である[7]。

　すなわち，カオスとは，「ある系が決定論的法則に従って変化しているにも関わらず，複雑で不規則，不安定なふるまいをし，遠い将来における状態が予測不能になる現象」のことである[8]。なお，「決定論的法則」とは，コイン投げのような確率的不確実性に入り込む余地が全くなく，初期値が決まれば，その後の状態が原理的に全て決定されることをいう[9][10]。

　心理学の研究領域においても積極的に研究され始めている。2015年度の日本心理学会大会においても，「脈波のカオスは心理学に何をもたらすのか？―生理反応・心理状態・コミュニケーションを探る―」というシンポジウムが開催されている。内容は，脈波や呼吸，自律神経系の活動などの生体情報がカオス的に相互連関しているというデータや，コミュニケーション場面でカオスが機能しているのではないかという最新の知見についての話題提供であった[11]。

　このように，カオスは，自然科学だけではなく，他の分野でも研究されるようになってきた。

　合原・村重（1997）[12] は，カオスの主な性質を次のように整理している。

(1) 初期値に対する鋭敏な依存性

「バタフライ効果」もしくは「軌道不安定性」などの用語で表現され，小さい初期値のずれでも時間とともに指数関数的に拡大を生じる性質がある。

(2) 長期予測不能性と短期予測可能性

カオスの初期値に対する鋭敏な依存性は，予測に本質的な限界があることを明示した。しかし，カオスは，一見不規則で確率過程のように振る舞う現象が，もしもカオスであるならば，決定論的モデルによって精度の高い短期予測が可能であることも明らかにした。

(3) 非周期性

カオスは実数の持つ本質的な複雑さを，時間とともに拡大して読み出す性質を持っている。この性質が非周期的な時間変動を生み出す。

(4) 有界性

初期値に鋭敏に依存する不安定なカオス解が，非線形効果によって有界の領域に閉じ込められていることである。この有界性ゆえに，カオスを観察できるのである。

(5) カオスのなかの秩序

カオスは，その言葉としての意味である「混沌」や「無秩序」とは，ある意味で正反対の無限の秩序構造を有している。つまり，カオスへ至るルートの法則性や様々なフラクタル構造である。

　従来の生理心理学における解析方法では，生体信号に含まれているカオスについて言及されずに心身状態との関連について検討されてきた。この理由として今西（2010）[13] は，カオスが確率論（法則性なし）と決定論（法則性あり）の中間に位置し，両方の特徴を持っていると解釈できるので，科学の対

象として非常に取り扱いにくいためであったと考えられると述べている。

　従来行われてきた生体信号の代表的な解析法は，周波数解析である。脳波の周波数解析とは，脳波に含まれている周波数がどの程度あるのかを調べる解析方法である。周波数解析によって離散フーリエ変換を行い，周波数ごとに，その強さを求めることができる[14]。例えば，軽い寝息をたてるような眠り（軽睡眠期）になると，12～14Hz の波が現れるようになる[15]。このように，眠っているときはどの周波数が強いのかなどを調べることができるのである。

　しかし，特定の周波数を持たないデータは，すべてノイズであると判断され，意味のない信号であると解釈されてきた。近年では，ノイズと思われていたデータの中にも，規則性を有するカオスの存在が知られるようになり，事象がカオスであるか否かを判断するための分析が行われるようになってきた[16]。つまり，生体信号にカオスが含まれているならば定量化することにより，従来得られなかった情報を得ることができ，心理状態を推定できる可能性が出てきたのである[13]。

　カオスが含まれるかを評価するためには，アトラクターを描くと判断できる。具体的には，測定した波形から時間をずらして3点を取り，3次元の空間にプロットしてアトラクタを描くのである[17]。

　図 4-1 は，時系列信号を3次元状態空間にアトラクタを再構成する場合を示した模式図である[18]。時系列信号における点 x_1 から遅延時間（time delay）τだけ離れた点 y_1，さらに2τだけ離れた点 z_1 から，ベクトル P_1（x_1, y_1, z_1）を構成し，それを3次元状態空間へプロットする。次に，ベクトル P_1 からある一定時間だけ離れた点においても同様に3点からベクトル P_2（x_2, y_2, z_2）を構成する。このような操作を時系列信号の最終点にかけて，複数回繰り返すことによって3次元アトラクタを再構成する。

　図 4-2 は，脈波のアトラクトの一例を示す。

　津田（1999）[19] は，人の手の指の毛細血管の拍動や心臓の鼓動もカオス的

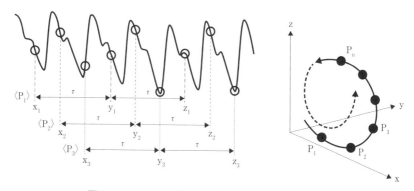

図 4-1　Takens の埋め込み定理による時系列信号の
3 次元状態空間へのアトラクタの再構成 （今西・雄山 （2008）[18] より引用）

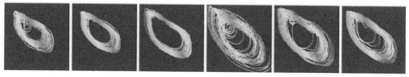

図 4-2　脈波のアトラクトの一例 （筆者撮影）

であることが，時系列データの埋め込みから示唆されたと報告している。

4.3.　脈波測定装置

　脈波とは，心臓のポンプ作用によって生じる動脈系圧波動の伝播を指す。
また，血管が膨らむことによって血管の内径は変化する。そのときに発生す
る波動を容積脈波 （以下，脈波とする） と呼ぶ[20]。

　脈波測定装置の原理は赤血球中のヘモグロビンが近赤外線を良く吸収する
性質を利用して，指尖の血管に赤外線を照射し，その反射光量をフォトダイ
オードで感知し，光エネルギーを電気信号に変換する （図 4-3）[21]。

　指尖および耳朶脈波測定装置を図 4-4 に示す。

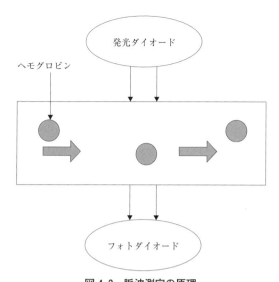

図 4-3　脈波測定の原理

（原田・横山（2012）[21] を基に作成）

図 4-4　指尖および耳朶脈波測定装置（筆者撮影）

4.4.　脈波のリアプノフ指数を用いた研究

　アトラクタにおける軌道のゆらぎが大きいほど，カオスが多く含まれていると判断する場合もある。しかし，この程度のゆらぎであれば，カオスはほ

とんど含まれていないと判断する場合もある。このように，アトラクトの視察では，観察者の主観的要素が入り込む。したがって，アトラクタにおける軌道のゆらぎをリアプノフ指数という統計量で定量化されている。

カオス性を定量的に評価できるパラメータがリアプノフ指数である[22]。すなわち，リアプノフ指数とは「どの程度カオス的か」を示している指数である[23][24]。

リアプノフ指数が高いことは，ランダム性が強く，予測することが困難であり，リアプノフ指数が低いことは周期性が強く，予測することが比較的容易であることを表している。

在原・雄山・鈴木（2005）[25] は，音楽聴取時の感情を測定する生理指標としての指尖脈波の妥当性を検討した。その結果，リアプノフ指数の大きさは感情に関わらず外界からの情報を取り込むことによって影響されることを明らかにした。

また，中田・雄山（2005）[26] は，精神的作業中の脈波のカオス解析から得られるリアプノフ指数はストレス感の指標として，心拍数や呼吸数等の他の生理反応よりも有効であることを示した。

岡林（2014）[27] は，ある程度ストレスがかかる対人場面で，その人の特徴が指尖脈波の最大リアプノフ指数ならびにアトラクタの振る舞いを図示することによって表現できることを明らかにした。

胡・三好（2014）[28] は，指尖容積脈波に含まれるカオスの定量化を試み，実際に様々な対象場面で測定・分析した結果について検討している。特に，脈波のカオス解析技術の導入は，心の状態を明らかにでき，精神衛生上の早期発見と予防のための有効な手段となり得ると述べている。

瀧川ら（2015）[29] は，痛み刺激を与えられた際の呼吸と脈波との関連についてリアプノフ指数を用いて検討している。その結果，痛みを与えられた際に，不安が高い群では，呼吸と脈波のリアプノフ指数との同期傾向が増加し，不安が低い群では減少した。また，抑うつが高い群では，呼吸と脈波のリア

プノフ指数の同期傾向が高かった。すなわち，不安・抑うつが高い群では，呼吸と脈波のカオス性の同期が高まったことを意味すると述べている。

原田・横山（2012）[30] は，生体脈波のカオス解析によって得られたリアプノフ指数を利用して道路の乗り心地の評価指標を提案した。その結果，運転者のリアプノフ指数は橋梁を通過する際の緊張やストレスによって大きくなることが確認された。

鈴木ら（2006）[31] は，運転中のドライバーに樹木の香り成分を供給した場合，疲労感の軽減効果や覚醒効果に与える影響について検証している。

疲労感を軽減するために α-ピネンを供給した場合，10名中7名以上の被験者は，疲労感を定量化する指標である容積脈波のリアプノブ指数の低下が認められたのである。

鈴木・岡田（2008）[32] は，指尖脈波のリアプノフ指数に着目し，心理的負荷の高い状況を検出する手法について，ドライビングシミュレータ実験により検討した。その際，被験者の違いによって，リアプノブ指数は大きく変動するため，実測値から定量的な考察を行うことは困難となる。そこで，運転に集中している5分間におけるリアプノフ指数の平均値を100%とし，その後のリアプノブ指数を運転に集中している5分間の値に対する比率で分析を行っている。つまり，正規化して検討している。その結果，心理的負荷の程度が高いほど，正規化リアプノブ指数は増加していることを明らかにした。

また，伊藤・稲垣（2009）[33] は，認知的負荷による脈波への影響が再現性をもつかどうかを明らかにするために，ドライビングシミュレータを用いた実験を行った。その結果，心的負担が高くなると脈波の最大リアプノフ指数が高くなるという現象が再現性をもって観察されることが確認できたと指摘している。

鈴木（2006）[34] は，ドライビングシミュレータ環境で運転した際，携帯電話を使用すると，心理的負担がどの程度増加するかについて検討した。リアプノフ指数から心理的負担の程度の推定を試みた結果，ハンドヘルド型の携

帯電話を使用した場合のリアプノフ指数は，通話なしの場合のリアプノフ指数より値が高く，心理的負担が増加することを明らかにしたのである。

　以上のように，脈波のカオス解析から得られるリアプノフ指数を用いて，人の心身状態を推定した研究は行われてきている。しかし，生体信号のカオス解析に関する研究の歴史は浅く発達段階である。特に，ビデオゲームにおけるプレイヤーの心理状態を，リアプノフ指数を用いて解析する研究は，ほとんど行われていないのが現状である。

第5章　Grand Theft Auto における
ゲームプレイヤーの心理状態

5.1.　「Grand Theft Auto」とは

　「Grand Theft Auto Ⅲ」（以下，GTA とする）という有名なアクションゲームがある。GTA は，マフィアやギャングの依頼を受け，盗み，破壊などのミッションを行うという内容のアクションゲームである[1]。

　特に，自由度が非常に高い事で有名で，ミッションをクリアする以外に，強盗で手に入れた車を乗り回すなど，暴力的行動や表現が包含されている。このように GTA は，非常に自由度の高いゲームであるため，プレイヤーの行動やゲームの印象はプレイヤーの考え方で大きく変わると考えられる。つまり，GTA はプレイヤーの操作行動が反映されやすいと考えられる。

　例えば，あるプレイヤーは正面衝突や歩行者をはねないようにするために緊張しながらプレイしているが，あるプレイヤーはリラックスしながら前方から来る車と衝突を楽しんでいるかのようなプレイをしている場合もある。したがって，操作行動の分析から各プレイヤーの心理状態を明らかに出来る可能性がある。すなわち，ビデオゲームプレイ中の衝突回数や人をはねる回数などの行動指標および脈波などの生体信号を用いて精神的負荷などの心理状態の変化を分析することができ，新たなゲーム開発のためのデータを提供できる。

5.2.　コントローラのボタン操作記録装置

　ビデオゲームの未習熟者群と習熟者群とでは，コントローラのボタン操作回数は異なると考えられる。また，時間経過に伴うコントローラのボタン操

作回数はどのように変化するのであろうか。さらに，誤動作として2つのボタンを同時に押すことも考えられるが，同時操作回数はどの程度であろうか。

ビデオゲームプレイ中のボタン操作行動を用いた行動指標およびゲームプレイヤーの心理状態の変化に伴う脈波のリアプノフ指数を用いた客観的指標と質問紙を用いた主観的評価指標との関連性を明らかにすることは重要である。

しかし，従来のビデオゲームに関する心理学的研究において，生体信号を用いた客観的指標，ボタン操作行動に伴う行動指標および質問紙などの主観的指標との関係を総合的に検討した研究は，ほとんど見当たらないのが現状である。

ボタン操作行動に関して，コントローラのボタン操作の時間的経緯を記録・保存し分析することは，ビデオゲームのプレイ状況を知る上で重要である。そこで本研究では，上村が開発したコントローラのボタン操作記録装置[2]を利用する。図5-1は，ファミリーコンピュータ用コントローラのボ

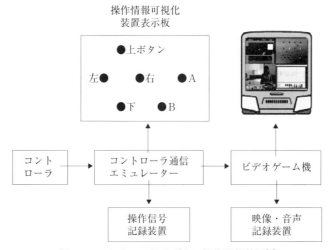

図5-1　コントローラのボタン操作記録装置[3]

タン操作記録装置を示す[3]。

　本装置は，コントローラボタンの操作履歴という，客観性の高いデータを，デジタル技術を用いることによって可視化し記録・蓄積するための独自のシステムである。コントローラのボタン操作情報（操作回数，操作時間）は，「操作信号記録装置」を用いてコンピュータ上に記録され，CSV 形式で出力することが可能であるので統計分析を行うことができる。また，ボタン操作情報は，「コントローラ通信エミュレーター」を通じて，ボタンが押されると LED が光り，どのボタンが押されているかが一見でわかる「操作情報可視化装置表示板」が設置されている。この表示板を「ボタン用ビデオカメラ」で撮影することによって「ボタン映像」を記録する。モニタ上には，ゲーム映像，プレイヤーの表情，ボタン操作情報が合成され，どのようなプレイ場面でどのボタンが押され，どのような表情をとるのかを検証することが可能となる[4]。

5.3.　リアプノフ指数相対値

　プレイ中の脈波のリアプノフ指数は高いプレイヤーもいれば低いプレイヤーもいる。また，プレイ中のリアプノフ指数は安静時（3 分間）のリアプノフ指数に比較して，何パーセント増減しているかを明らかにできれば，心理状態も推測できる可能性がある。

　そこで，相対値で示すことにした。相対値は，プレイ前の安静時リアプノフ指数の平均値を 1 としたときのプレイ中におけるリアプノフ指数の平均値との比から求めた[5]。その値をリアプノフ指数相対値と呼ぶことにする。

5.4.　経験者別のリアプノフ指数相対値

　小孫（2011）[3] は，GTA をプレイしたことがある経験者群（9 名）とプレイしたことがない未経験者群（4 名）とでは，リアプノフ指数相対値がどのように違うのかを検討している。分析は，プレイ時間（18分間）を 3 分割

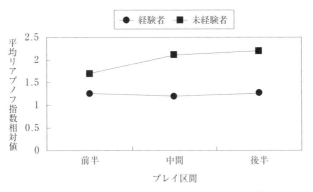

図5-2　経験者別の平均リアプノフ指数相対値[3]

（前半・中間・後半）して行った。

　その結果，中間および後半において未経験者群の方が経験者群より平均リアプノフ指数相対値は大きかった。また，未経験者群は中間および後半における平均リアプノフ指数相対値は，前半よりも大きかったのである（図5-2）。

　したがって，リアプノフ指数相対値が小さい経験者群では，未経験者群と比較すると心理的負荷が低く，リラックス状態でプレイしていると解釈できる。一方，未経験者群では中間および後半において緊張状態でプレイしていることを示唆している。このように，未経験者群において，時間経過に伴い平均リアプノフ指数相対値は，変化することが認められた。

5.5.　面白さ別の平均リアプノフ指数相対値

　次に，GTAが面白いと回答した群（9名）と，どちらでもないと回答した群（4名）とでは，リアプノフ指数相対値がどのように違うのかを見てみよう（図5-3）。その結果，GTAが面白いと回答した群の平均リアプノフ指数相対値は，前半，中間および後半において大きな変化はなく，有意差は認められなかったのである。一方，どちらでもないと回答した群の平均リアプノフ指数相対値は，中間および後半の方が前半よりも大きかった。

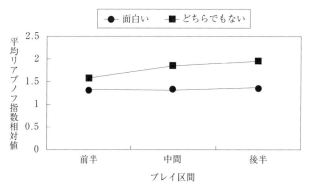

図 5-3　面白さ別の平均リアプノフ指数相対値[3]

　面白いと回答した群では，どちらでもないと回答した群と比較すると心理的負荷が低く，リラックスしてプレイしている状態であることを示唆している。一方，どちらでもないと回答した群は，後半につれて緊張状態であることを示唆している。このように，リアプノフ指数相対値と面白かったかなどの主観的評価との関連性からビデオゲームプレイヤーの心理状態を推定することが可能であることが示唆されたのである。

5.6.　プレイヤー別の平均リアプノフ指数相対値

　また，アンケート調査で，GTA の操作経験があり，面白いと感じ，通行人をはねた時や暴力を行った時はスッキリした，と回答した群（3名）を「積極的プレイヤー」と呼ぶことにする。一方，GTA の操作経験がなく，面白さに関してはどちらでもない，と回答した群（3名）は「消極的プレイヤー」とする。対局の群を比較することでプレイヤーの特徴を明確にできるのではないかと考えられる。

　結果を図5-4に示す。消極的プレイヤー群において，後半における平均リアプノフ指数相対値は，前半よりも大きかった。一方，積極的プレイヤー群の平均リアプノフ指数相対値では，変化は認められなかった。つまり，積極

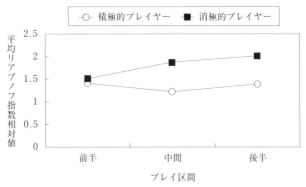

図 5-4　プレイヤー別の平均リアプノフ指数相対値[3]

的プレイヤー群の方が心理的負荷が低くリラックスしてプレイしていること
が示唆された。

5.7. プレイで生じた感情と平均リアプノフ指数相対値

　プレイで生じた感情と平均リアプノフ指数相対値は，どのような関係があ
るのだろうか。この点に関して，小孫 (2010)[5] は，大学生19名を対象にプ
レイ終了後にビデオゲームのプレイで生じた感情を評定した。評定項目は湯
川・吉田 (2001)[6] を参考にした。この感情調査では，敵意，爽快，空虚の
３つの尺度から成り立っている[7]。

　感情の「敵意」，「爽快」，「空虚」の各得点とプレイ前半・中間・後半にお
けるリアプノフ指数相対値との相関係数を求めた。ビデオゲームのプレイで
生じた感情の尺度の内，「爽快」は，プレイ前半・中間・後半との間に有意
な負の相関が認められたのである。相関係数は順に r = − .65，− .59，− .62
であった。一方，敵意および空虚は相関が認められなかった。

　負の相関ということは，各区間ともリアプノフ指数相対値が小さいほど爽
快感の尺度得点は高いことを意味する。すなわち，精神的負荷が小さいほど
爽快感の得点は高いことを示している。

　このことから，脈波のカオス解析から得られたリアプノフ指数相対値はプレイヤーの心理状態の有効な指標になり得ることが示唆されたのである。

5.8.　衝突回数とリアプノフ指数相対値との関係

　プレイヤーの行動の特徴をとらえることができれば，心理状態も解明できる可能性がある。本研究では，車などとの衝突回数や人をはねた回数をGTA におけるプレイヤーの行動指標と位置づけた。つまり，リアプノフ指数相対値と平均全衝突回数との関連を検討することで，プレイ中の心理的状態とプレイ状態との関連性を明らかにできると考えられる。小孫(2010)[5] は，リアプノフ指数相対値に応じて3つの群に分けて分析を行った。つまり，18分間のプレイにおけるリアプノフ指数相対値の平均値と標準偏差を求め，平均値＋1/2 標準偏差以上を上位群（4名）とした。平均値－1/2標準偏差以下を下位群（7名）とし，残りを中位群（8名）とした。

　衝突回数や人をはねた回数は，ビデオゲームの映像を再生して測定した。車との衝突回数，車以外との衝突回数および人をはねた回数を合計して求めた回数を全衝突回数と呼ぶことにする。

　図5-5 は，18分間のプレイ中におけるリアプノフ指数相対値の上位群・中位群・下位群における平均全衝突回数を示したものである。

　その結果，リアプノフ指数相対値の下位群は，上位群より全衝突回数が多かった。特に，プレイ後半において下位群の方が平均全衝突回数は有意に多かったのである。

　リアプノフ指数相対値が小さい下位群では，プレイ中はプレイ前の安静時と比較すると心理的負荷が高くなくリラックスしている状態であることを示唆している。すなわち，車などとの衝突や人をはねる行為の回数は多いにもかかわらず，リラックスして楽しんでいることが示唆される。特に，プレイ後半において下位群の方がより操作に慣れ，リラックスしながら衝突や人をはねる行為を行っていた。

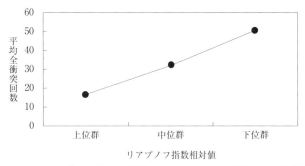

図5-5　リアプノフ指数相対値の各群における平均全衝突回数[5]

　一方，リアプノフ指数相対値が大きい上位群は，平均全衝突回数は少なかった。つまり，上位群は精神的負荷が高くなり，注意を集中させ，緊張しながら衝突や人をはねる行為を避けようとしていることが示唆された。

5.9.　男女別および攻撃性における衝突回数

　男性と女性とでは，GTA のプレイで生じた感情はどのように違うのだろうか。

　小孫（2011）[3] の研究では，GTA をプレイして人をはねたとき，スッキリしたと回答した者は，男性では 7 名の内 4 名（57.1％），女性では 6 名中 1 名（16.7％）であった。また，平均全衝突回数は，男性では43.1回，女性では22.3回であり，男性の方が女性より有意に多かった。人をはねた平均回数を見てみると，男性では12.0回，女性では5.2回であり，男性の方が多かったのである。

　すなわち，男性の方が人をはねる行為の回数は多いにもかかわらず，満足感を味わいながらプレイしていることが示唆された。

　次に，平均全衝突回数は，プレイヤーの性格特性，特に攻撃性と関係があるのだろうか。そこで，日本版 Buss-Perry 攻撃性質問紙[8]（以下，攻撃性質問紙とする）により攻撃性を測定した。「まったくあてはまらない」から「非常

にあてはまる」までの 5 段階評定で回答する形式であり，「短気」，「敵意」，「身体的攻撃」，「言語的攻撃」の 4 つの尺度によって構成されている。各尺度の平均値と標準偏差を求め，平均値＋1/2 標準偏差以上を高得点群，平均値－1/2 標準偏差以下を低得点群とした。平均全衝突回数では，身体的攻撃の高得点群（4 名）では45.5回，低得点群（4 名）では23.3回であった。このように身体的攻撃得点が高い群は低い群より，平均全衝突回数が有意に多い傾向を示した。

5.10.　ゲームプレイヤーが生じた感情

　意図的に衝突させたり，人をはねたりしたのか，あるいはミスなのかを検討するために，記録映像を照合した。その結果，信号で止まり，人をはねない被験者もいたので質問紙調査に基づいて積極的ゲームプレイヤー（GTA の操作経験があり，面白いと感じ，通行人をはねた時や暴力を行った時はスッキリしたと回答した群）と消極的ゲームプレイヤー（GTA の操作経験がなく，面白さに関してはどちらでもないと回答した群）に分類し，両群を比較することで，ゲームプレイヤーの行動特徴を明らかにすることができる。

　プレイ後のインタビューに基づいて，GTA のプレイで生じた感情について発言した内容の一例を紹介する[3]。

5.10.1.　積極的ゲームプレイヤーが生じた感情

　積極的ゲームプレイヤーが生じた感情は次の通りである。

・他のゲームでは出来ないような，人をはねたり，車をぶつけたりするので面白い。ゲームであるが，現実的である。歩道側を通行した方がスムーズに目的地に行けると考え，人をはねた。はねた時は，何も感じなかった。どんな反応があるのか確かめるため，はねてみたいと思った。なぐって，反応をみたかった。

・自分の好きなようにできるので，面白かった。爽快感はある。はねてみ

たいと思った。ゲームだから仕方がない。悪いとは思わない。

・GTA は，実際できないようなことも出来るので面白い。リアクション
があるはねてみて反応をみたい。ゲームなので悪いとは思わない。通
行人を殴って反応をみたかった。意味なく殴ってみたい。悪いとは思わ
なかった。

5.10.2. 消極的ゲームプレイヤーが生じた感情

消極的ゲームプレイヤーが生じた感情は次の通りである。

・ルールが分からない。はねたときはびっくりした。はねた人には悪いこ
とをしたと感じた。

・全くはねなかった。こわいのでひかないようにした。ひくと悪いと思っ
た。信号では止まった。

・操作はややこしかった。どのボタンを押せば良いのか分からない。何を
したら良いのか分からなかった。

このように，積極的プレイヤーの方が，意図的に人をはねている可能性が
高いにもかかわらず，爽快感の得点が高かった。

5.11. ボタン操作回数

次に，GTA のボタン操作について検討する。右ボタン（右方向）および左
ボタン（左方向）の平均操作回数は，男性（7 名）の方が女性（6 名）より多
いのである（図5-6）。衝突や人をはねてでも，できるだけ短時間で目的地に
到着したいという動機付けが起こり，ボタン操作回数を多くしたと考えられ
る。

また，GTA 経験者群別における右ボタンおよび左ボタンの平均操作回数
は，経験者群（9 名）の方が未経験者群（4 名）より有意に多い（図5-7）。す
なわち，GTA をプレイした経験がある群は，目的地がどこにあるのかを素
早く判断し，走行経路や追い越しなどの運転状況に関する情報を取得しなが

らボタン操作を適切に決定するため，右ボタンおよび左ボタンを活発に操作
したと考えられる。

　未経験者群は，目的地はどこにあるのか，どのような経路を走行したらい
いのか，などの心理的負荷が伴うため，ボタン操作を決定する判断時間が長
くなる。その結果，操作回数は経験群より少なくなったと考えられる。この
ことは，「どのボタンを押せば良いのか分からない」などと回答した消極的
ゲームプレイヤーの方が積極的ゲームプレイヤーに比べると，右ボタンおよ
び左ボタンの平均操作回数が有意に少ないことからも明らかである（図5-8）。
一方，積極的ゲームプレイヤーは，衝突してでも，できるだけ短時間で目的
地に到着したいという動機付けが起こり，ボタン操作回数を多くしたと考え
られる。

　このように，ボタン操作回数を比較することで，ゲームプレイヤーの特性
を明らかにすることができるのである。

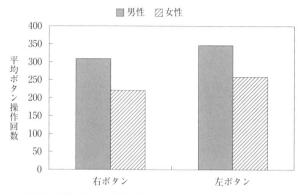

図 5-6　男女別の平均ボタン操作回数（小孫（2011）[3] のデータを基に作成）

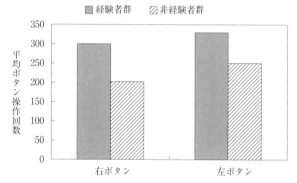

図 5-7　経験者群別の平均ボタン操作回数（小孫（2011）[3] のデータを基に作成）

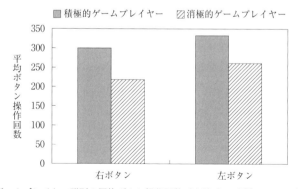

図 5-8　ゲームプレイヤー群別の平均ボタン操作回数（小孫（2011）[3] のデータを基に作成）

第6章　スーパーマリオにおける
ゲームプレイヤーの心理状態

6.1.　スーパーマリオのボタン操作

　スーパーマリオブラザーズ（以下，スーパーマリオとする）は，国内で約680万本という爆発的にヒットした横スクロールアクションゲームであり，世界中に知られたゲームである[1]。また，ファミコン版以後のマリオシリーズと操作方法が基本的に同じであり，ボタン操作数が少ない（合計6個）。さらに，初心者でも取り組みやすいと考えられる。

　そこで，スーパーマリオは，コントローラのボタン操作行動がプレイ回数とともに，どのように変化するのかを測定し，操作活動について検討するのに適していると考え，本ソフトを用いた。ビデオゲーム機はファミリーコンピュータ（任天堂社製）であった。スーパーマリオを3回（1回につき11分間）プレイさせ，コントローラのボタン操作履歴を記録した。表6-1は，スーパーマリオの各ボタンの操作機能について示したものである。

表6-1　各ボタンの操作機能

上	ノーアサイン（豆の木を登る以外では使用されない）
下	しゃがむ（スーパーマリオの時）
左	左へ歩く（同時にBボタンを押すと走る）
右	右へ歩く（同時にBボタンを押すと走る）
A	ジャンプ（長い間押すと，高くジャンプする） 泳ぐ（水中では，押すごとに，どんどん浮き上がる）
B	走る（加速してジャンプすると，より高くジャンプできる） ファイアボール投げ（ファイアフラワーを取ると，ファイアボールを投げられる）

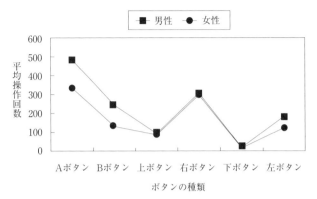

図6-1　スーパーマリオの各ボタン平均操作回数[2]

　このように，6つのボタンは機能が異なるので，各ボタンの操作回数は違うと考えられるが，実際には何回操作されているのであろうか。先ず性別（男性：7名，女性：6名）の違いから検討する[2]。

　図6-1は，スーパーマリオにおける1回のプレイ回数（11分間）あたりの平均ボタン操作回数を男女別に示したものである。

　Aボタン（ジャンプ）が最も多く押されているいることがわかる。次いで右ボタン（右方向）が多い。また，Aボタン，左ボタン（左方向）は男性の方が女性より平均操作回数は有意に多い。また，Bボタン（走る，投げる）も男性の方が女性より平均操作回数は有意に多い傾向があった。

　スーパーマリオの上ボタンは，豆の木を登る以外では使用されないノーアサインボタンにもかかわらず，男女とも操作回数が多い（図6-1）。

6.2.　利用回数群別の上ボタン平均操作回数

　ビデオゲームの利用回数に関しては，ほとんど毎日，週に3〜4回ビデオゲームを行うと回答した者を「高利用者群」（5名）とする。一方，週に1〜2回，ほとんどしないと回答した者を「低利用者群」（8名）とする。

　どのボタンが「高利用者群」と「低利用者群」とで，操作回数に差がでる

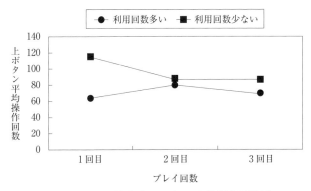

図 6-2　利用回数群別の上ボタン平均操作回数[2]

のであろうか。スーパーマリオにおけるボタンの種類毎に検討した。その結果，豆の木を登る以外では使用されない「上ボタン」であった。

図 6-2 は，利用回数群別における上ボタン平均操作回数を示したものである。1 回目のプレイにおいて，低利用者群の方が高利用者群よりも多かった。2 回目以降は操作回数が減少し，高利用者群との差が認められなかった。低利用者群はコントローラを使い慣れていないため，試行錯誤的にボタンを押したと考えられる。しかし，2 回目以降は上ボタンを押しても反応しないという学習効果が働き，意識的に上ボタンの操作回数を減らした可能性があると考えられる。

6.3.　飽き別の左ボタン平均操作回数

スーパーマリオに「飽きた群」（4 名），「飽きなかった群」（6 名），「どちらでもない群」（3 名）において，どのボタンが操作回数に差が出るのであろうか。統計分析の結果，左ボタンに有意差があることがわかった。

図 6-3 は，飽きに対する左ボタン平均操作回数を示したものである。飽きなかった群の方が飽きた群よりも多かった。つまり，飽きなかった群は，左ボタンを有意に多く操作していることがわかる。

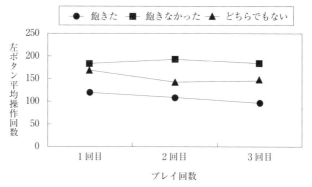

図 6-3　飽きに対する左ボタン平均操作回数[2]

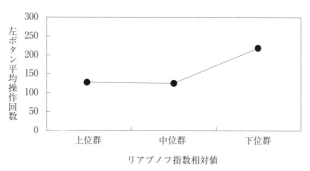

図 6-4　リアプノフ指数相対値の各群における左ボタン平均操作回数[2]

　次に，左ボタンの平均操作回数と平均リアプノフ指数相対値との関係を求めてみる。

　スーパーマリオの 3 回のプレイにおけるリアプノフ指数相対値の平均値と標準偏差を求め，平均値 + 1/2 標準偏差以上を上位群（4 名），平均値 - 1/2 標準偏差以下を下位群（5 名）とした。残りを中位群とした（4 名）。

　平均リアプノフ指数相対値の下位群は，上位群および中位群よりも左ボタンの平均操作回数が多かった（図 6-4）。つまり，心理的負荷が低くリラックスした状態でプレイした下位群は，左ボタンの操作回数が多い。スーパーマ

リオは右スクロールゲームであるが，飽きずにリラックスした状態でプレイ
した群では，短時間に画面上のどの部分に注目するべきかを決定するととも
に，その箇所にある情報を取得し，プレイ状況に応じて左ボタンの操作行動
を決定したと考えられる。記録映像を照合すると，ジャンプさせるために左
ボタンを押し，左方向に移動させ助走距離を確保した事例も見られた。

6.4.　スーパーマリオの同時押しボタン操作

　スーパーマリオの上ボタンは，豆の木を登る以外では使用されないノーア
サインボタンにもかかわらず，ジャンプしたいと考え間違って操作する場合
があると考えられる。

　スーパーマリオでは，コントローラの右手側のＡボタンを押すとジャンプ
を行うが，イー・アル・カンフー，スパルタンＸなどのゲームでは上ボタン
でジャンプを行うものもある。したがって，他のゲームをプレイした経験が，
Ａボタンと同時に無意識的に上ボタンを押している可能性があると考えられ
る。

　そこで，プレイヤーの操作がどのような状況下で行われているのかを確認
するために，ボタン操作情報可視化装置表示板およびプレイ画面を，記録映
像に基づいて分析を試みた。そこで，記録映像および「操作信号記録装置」
のデータを用いて，ボタン同時押し操作回数を求めた。図 6-5 は，上ボタン
とＡボタン同時押し操作回数を示したものである。その結果，上ボタンとＡ
ボタンを同時に押す「同時押し」プレイが多数見られた。つまり，誤操作を
していることになる。また，13 名中 12 名が，3 回目の方が 1 回目より少なく
なっている。2 回目以降は，徐々に慣れていったため学習効果が働き，意識
的に同時押し操作回数を減らしたと考えられる。

　また，スーパーマリオを上に移動させようと考え，上ボタンを操作した可
能性がある。実際の映像を照合すると，マリオが壁面から落ちそうになった
ため，慌てて上にジャンプしようとして，先に上ボタンを押しその後Ａボタ

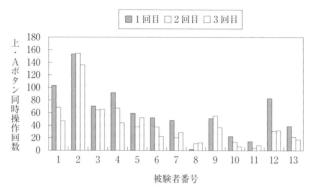

図6-5　スーパーマリオにおける上・Aボタン同時押し操作回数[2]

ンを押した例がある。「上に上がりたい」という気持ちが「上ボタン」を操作させたと考えられる。一方，土管を飛び越えるためにAボタンを押したが，飛び越えられそうにないため，つい上ボタンを押してしまった例も見られた。このように，Aボタンを先に押しながら上ボタンを押した同時押しの例もあることが明らかになった。これは，上ボタンが十字キーの上にあるので上に行くだろうと直感的に認識するアフォーダンス[3]（環境から探索できる情報）が働いたと思われる。

第7章　未習熟者群および習熟者群のボタン操作

7.1.　操作過程

　スーパーマリオをプレイした経験がない者，あるいは，ほとんどプレイしたことがない者（未習熟者群）とスーパーマリオを何回もプレイした経験がある者（習熟者群）との間で，時間経過（40分間）に伴うコントローラのボタン操作回数および平均リアプノフ指数にどんな違いがあるのだろうか。

　小孫（2014）[1] は，4名の未習熟者群と5名の習熟者群について検討している。ところで，スーパーマリオは8つのワールドで構成され，それぞれのワールドには4つのエリアがある。図7-1（未習熟者群）および図7-2（習熟群）は，各被験者がどのワールド・エリアを選択してプレイしたかを示している。横軸はプレイ時間（秒），縦軸の数字はワールドを示し，補助目盛はエリアを示している。

　例えば，未習熟者群の被験者1のゲーム開始時は，ワールド1のエリア1からスタートしている。ゲームスタート時の残機数（マリオの残り数）は，3から始まり，残機数が0になるとゲームオーバーになる。ゲームオーバーになるとワールド1・エリア1（以下，1-1とする）からの再スタートとなる。ただし，Aボタンを押しながらスタートボタンを押すことで，ゲームオーバーとなったワールドの最初からやり直すことができる。

　表7-1は未習熟者群の操作過程を示す。図7-1と表7-1から，未習熟者群は主にワールド1でプレイしていることがわかる。

　表7-2は習熟者群の操作過程を示す。図7-2と表7-2から，習熟者群はワールド3以上に進めてプレイしていることが明らかになった。

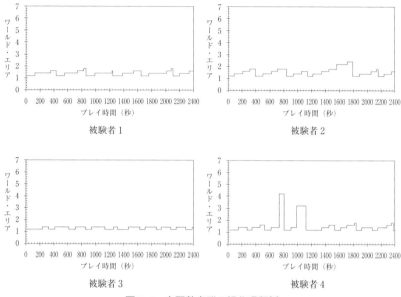

図 7-1　未習熟者群の操作過程[1]

7.2.　左ボタン操作

　プレイ時間（40分間）を4分割（第1区間〜第4区間）して分析を行った。

　左ボタンの平均操作回数は，習熟者群の方が未習熟者群より有意に多い傾向があった。また，左ボタンの平均操作回数は，両群ともプレイ後半に減少することが認められた（図7-3）。一方，右ボタン，Aボタン，上ボタン，下ボタンの平均操作回数は，習熟者群と未習熟者群との間で有意差は認められなかった。

　このように，スーパーマリオでは，左ボタンの操作回数が特徴的である。

　スーパーマリオは右スクロールゲームであるので，各被験者は時間経過に関係なく右ボタンを操作し続けたと考えられる。そのため，両群間および区間間で有意差は認められなかったと考えられる。一方，習熟者群のプレイヤ

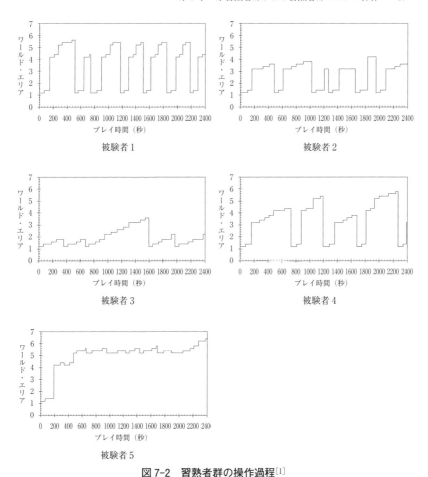

図 7-2　習熟者群の操作過程[1]

ーは，敵が向かってくるとスーパーマリオを左方向に移動させ敵を回避させ
たり，助走距離を確保したりしながらジャンプさせる位置を調整するなど，
未習熟者群と比較すると，よりプレイ状況に応じて左ボタンの操作を決定し
たため，操作回数が多くなったと考えられる。

　最初は，試行錯誤的にボタンを操作する。その後，ゲームをプレイする内

58

表 7-1　未習熟者群の操作過程[1]

被験者	操作過程
1	ワールド１を何回もチャレンジするが，ワールド２に行くことはできなかった。また，1-1 を６回プレイした。ゲームオーバーになると大きくため息をついていた。
2	2-2 までプレイすることができたが，ほとんどがワールド１であった。なお，1-1 を６回プレイした。
3	ワールド１を何回もチャレンジするが，ワールド２に行くことはできなかった。ゲームオーバーになることが多かった。
4	「ワープゾーン」を利用して，ワールド４およびワールド３にワープするが，すぐにゲームオーバーし，その後，ワールド１でプレイしていることが多い。

表 7-2　習熟者群の操作過程[1]

被験者	操作過程
1	「ワープゾーン」（２，３，４のワールドに行ける）を利用して，何回もワールド４にワープし，その後，ワールド５でプレイしていることがわかる。しかし，5-2 で失敗し，ゲームオーバーになることが多い。
2	「ワープゾーン」を利用して，何回もワールド３にワープし，その後，１回ワールド４でプレイしていることがわかる。
3	「ワープゾーン」を利用しないで，１面ずつプレイし，ワールド３まで達した。その後，ゲームオーバーし，ワールド１でプレイした。
4	「ワープゾーン」を利用して，ワールド３，ワールド４でプレイし，ゲームオーバーになるとワールド４，ワールド５でプレイした。その後は，ワールド３でプレイした後，ワープして，ワールド４およびワールド５でプレイした。4-1 に行くことができた時は，ガッツポーズをとる。一方，ゲームオーバーになった時は，「アッ」と声を出す。他のプレイヤーに比べるとプレイの結果に反応し，表情が豊かであった。
5	「ワープゾーン」を利用して，ワールド４でプレイし，その後，ワールド５でプレイし，最後はワールド６に達した。他の被験者ではワールド６にたどり着いた者はいなかった。また，ゲーム進行のスピードは速かった。ゲームオーバーになったときは，Ａボタンを押しながらスタートボタンを押し，ゲームオーバーとなったワールドの最初からやり直していた。この方略は，他の被験者には見られなかった。

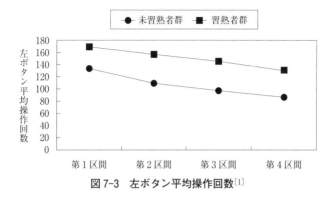

図7-3　左ボタン平均操作回数[1]

にボタンの働きを理解し，このような状況では左に行く必要がないなど，状況の変化に応じて適切に処理を行うことができたために左ボタンの平均操作回数は，両群ともプレイ後半に減少したと考えられる。

7.3.　ボタンの誤操作

　左・上ボタン同時平均操作回数では，プレイ後半の方が前半より減少する傾向が認められた（図7-4）。

　左・上ボタンの同時操作に関しては，全ての被験者が同時操作を行っていた。この場合は左手の親指を斜め右上に向ける必要がある（図7-5）。コント

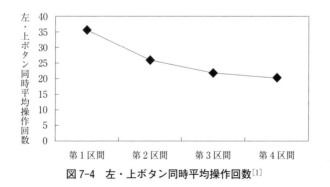

図7-4　左・上ボタン同時平均操作回数[1]

図7-5　左・上ボタン同時操作のときの親指の位置[1]

ローラを握った時の親指の位置が斜め右上にあり，左ボタンを押そうとする
が，同時に上ボタンも押したと考えられる。すなわち，上ボタンは豆の木を
登る以外では使用されないノーアサインボタンである。したがって，押して
もプレイに影響を与えない上ボタンと左ボタンを同時に押すということは誤
操作を行っていると言える。プレイ後半で減少する理由として，プレイヤー
は誤操作にもかかわらず，左ボタンのみを押していると勘違いをして，実は
上ボタンと同時に左ボタンを押していると考えられるので，結果的に左ボタ
ンと同じ操作傾向になったと思われる。つまり，習熟に伴って敵の回避やジ
ャンプ位置の調整などで左に行く必要がないと判断するなど，左ボタンを操
作する回数を時間とともに徐々に減らしたと考えられる。したがって，左・
上ボタンもプレイ後半で減少したと考えられる（図7-4）。

　次に，図7-6は，習熟者群別における左・下ボタン，A・上ボタンの1区
間あたりの同時平均操作回数を示したものである。左・下ボタン同時操作と
は，左手の親指を斜め右下に向け誤操作をしていることになる。左・上ボタ
ン同時操作およびA・上ボタン同時操作に比べると指の動きが不自然な形
になるので，ほとんど操作されていないと考えられる。実際，左・下ボタン
同時操作の平均回数は，未習熟者群では7.6回，習熟者群では4.2回であり，
ほとんど操作されていない。したがって，時間経過とともに有意な差が出な
かったと考えられる。

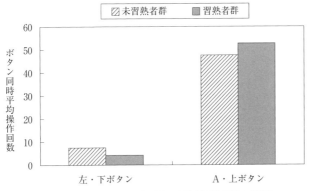

図7-6　左・下，A・上ボタン同時平均操作回数[1]

7.4.　Bボタン同時操作

　B・右ボタンおよびB・左ボタン同時操作の平均操作回数は，未習熟者群の方が習熟者群より有意に少なかった（図7-7，図7-8）。

　習熟者群の方がBボタンと右ボタン，Bボタンと左ボタンの同時操作の機能（走り出す）を理解しており，積極的に同時押しを行ったと考えられる。

　一方，未習熟者群は，同時操作の機能がわからず，ほとんど操作していな

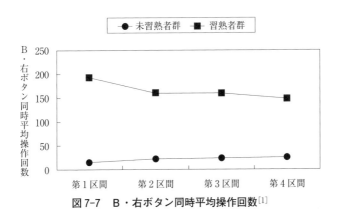

図7-7　B・右ボタン同時平均操作回数[1]

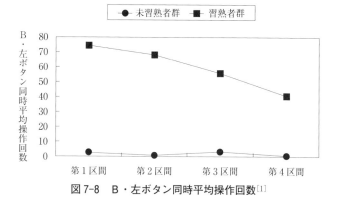

図7-8　B・左ボタン同時平均操作回数[1]

い。特に，未習熟者群の被験者1および3は，B・右ボタンをほとんど操作していない。また，被験者1および4は，B・左ボタンを全く操作していない。被験者2，3もB・左ボタンをほとんど操作していない。被験者1は，スーパーマリオをプレイしたことがないため，同時操作方法も分からず最後までワールド1から出ることができなかった。このような理由で面白くなかったと回答したと考えられる。

　また，習熟者群のB・左ボタン同時操作の平均操作回数（図7-8）は，プレイ時間とともに状況の変化に応じて適切に処理を行った左ボタンの操作活動（図7-3）と関連して同じ操作傾向になるため，プレイ後半（第4区間）の方がプレイ前半（第1区間）より平均操作回数は少なかったと考えられる。

7.5.　平均リアプノフ指数相対値

　未習熟者群と習熟者群との間で，プレイ中の心理状態はどのような違いがあるのであろうか。リアプノフ指数相対値を用いて検討してみる。

　先ず，図7-9は習熟者群別における平均リアプノフ指数相対値を示す。なお，平均リアプノフ指数相対値とは，プレイ開始直後である第1区間のリアプノフ指数の平均値を1としたとき，各区間のプレイ中におけるリアプノフ

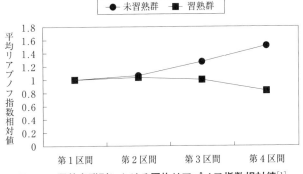

図7-9　習熟者群別における平均リアプノフ指数相対値[1]

指数の平均値との比から求めたものである。

　プレイ後半の第4区間において未習熟者群の方が，習熟者群より平均リア
プノフ指数相対値は大きかったのである。また，未習熟者群において，第4
区間の方が第1区間および第2区間よりも大きかった。つまり，時間経過と
ともに未習熟者群の方が心理的負荷に伴う緊張状態が高くなったと考えられ
る。この理由として，未習熟者群はスーパーマリオをプレイしたことがない，
あるいは，ほとんどプレイしたことがないために起因すると考えられる。実
際，B・右ボタン同時操作回数やB・左ボタン同時操作は非常に少ないなど，
各ボタン操作の機能を十分に理解していないため，次のワールドに行けない
などの焦りや不安が生じる。このような理由で，心的負荷に伴う緊張状態が
徐々に高くなったと思われる。したがって，プレイ後半の第4区間のリアプ
ノフ指数相対値が大きくなったと考えられる。一方，習熟者群では，リアプ
ノフ指数相対値は時間経過とともに変化が認められなかった。この理由とし
て，習熟者群はスーパーマリオのプレイ経験が豊富なので各ボタン操作の機
能を十分に理解しており，ゲームに慣れていると思われる。したがって，敵
が襲ってきた場合はどうするのか，どの経路を通れば良いのか，などを知っ
ており，緊張状態は低いと考えられる。

第8章　慣れに伴うボタン操作

8.1.　慣れに伴うボタン操作

　大学生7名（男性5名，女性2名）を対象に，「スーパーマリオ」を用いて，40分間プレイした際のコントローラのボタン操作回数を測定した[1]。40分間のプレイ時間を4分割（第1区間・第2区間・第3区間・第4区間）して分析を行うことにした。

　図8-1は，各区間における左ボタン平均操作回数を示したものである。左ボタンの平均操作回数はプレイするにつれて減少する傾向があった。

　一方，右ボタンの平均操作回数はプレイするにつれて減少する傾向が認められなかった（図8-2）。

　図8-3は，プレイするにつれて「上手になっていった」と回答した群（3名）と，「どちらともいえない」と回答した群（3名）とでは，上ボタン平均操作回数がどのように変化するのかを示したものである。その結果，「上手になっていった」と回答した群は，プレイするにつれて上ボタン操作回数が

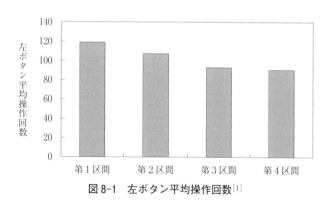

図8-1　左ボタン平均操作回数[1]

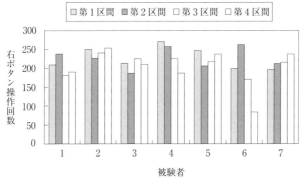

図 8-2　右ボタン平均操作回数[1]

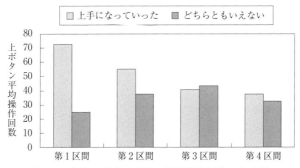

図 8-3　慣れに伴う上ボタン平均操作回数の変化[1]

減少する傾向が明らかになった。

　スーパーマリオの上ボタンは，豆の木を登る以外では使用されないノーア サインボタンであるにもかかわらず，上手になってきたと回答した群は，最 初は試行錯誤的にボタンを押したと考えられる。第 2 区間以降は上ボタンを 押しても反応しないという学習効果が働き，意識的に上ボタンの操作回数を 減らした可能性があると考えられる。

8.2. 左ボタンと右ボタンの操作回数比率

第8章で説明した被験者（7名）と第7章で説明した被験者（9名）のデータを用いて，各被験者ごとの左ボタンの操作回数と右ボタンの操作回数の総計を求め，左ボタンの操作回数が総計に対してどのくらいの割合を占めるのかを分析した。つまり，右ボタンと左ボタンの操作回数比率を求めた。

その結果を図8-4に示す。各被験者は極端に左ボタンを押しているわけではない。平均すると左ボタン総操作回数は33.2%となり，右ボタンは左ボタンの約2倍押していることが明らかになった。

この結果は非常に重要である。つまり，各被験者とも，極端に右ボタンを押しているのではなく，右ボタンの操作回数と左ボタンの操作回数との比が約2対1であるという値がスーパーマリオの操作性の特徴の一つとして解釈できる。

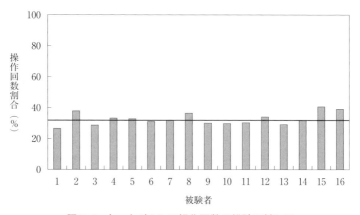

図8-4　左・右ボタンの操作回数の総計に対して
左ボタンの操作回数が占める割合

第9章　メディア・リテラシー

9.1.　メディア・リテラシーについて

　インターネットを利用すれば，ニュースを含む多くの情報を簡単に入手することが可能である。しかし，情報がすべて正しいとは限らない。例えば，ビデオゲームが青少年の健全な発育に悪影響を及ぼし，凶悪な犯罪を助長しているというマスコミ等による議論が，しばしば見られる[1]。

　こうした主張は，必ずしも科学的な研究の成果を踏まえたものであるとは言えない。また，推測したことから導かれているものも多いように思われる。このように，情報を如何に捉えるかの判断がますます重要となり，メディア・リテラシーが必要になる。

　ところで，「メディア・リテラシー」とは，広辞苑では「メディアの伝える情報を批判的に判断・活用し，それを通じてコミュニケーションを行う能力」とある[2]。

　さらに，教育工学事典では，「メディアをコミュニケーションの送信・受信行動に活用できる力。広くは，メディアで表現されるメッセージの意味を解釈する総合的力を指す概念」と説明されている[3]。

　本章では，メディア・リテラシーとは何かについて明らかにし，メディア・リテラシー教育および情報教育の現状と課題について検討する。

9.2.　メディア・リテラシーの理解度

　メディア・リテラシーに関して，どれくらいの人が理解されているのであろうか。そこで，教員養成系の119名の大学生（3年生）を対象に，メディア・リテラシーとは何かについて自由記述で問うた。

　ところで，調査によって得られるデータには，大きく分けて量的データと質的データの2種類がある。質的データとは，アンケートの自由記述など，数値の形になっていないデータ全般である[4]。

　アンケートの自由記述などの質的データの分析では，どうしても主観的な解釈となってしまう可能性がある。そこで，本研究では，客観性の向上を図るために，テキストマイニングの手法を用いた。

　テキストマイニングとは，テキストを対象としたデータマイニングのことである。文章からなるデータを単語や文節で区切り，単語の出現の頻度などを解析することで有用な情報を取り出す分析方法である[5]。

　今回は，テキスト型データを統計的に分析するために制作されたフリーソフトウェアである「KH Coder」[6] を用いて，頻度分析および共起ネットワーク分析を行う。

　頻度分析とは，対象文献における単語の出現頻度を検討するものである。「出現頻度が高い単語ほど重要度が高い」，または「出現頻度が低い単語ほど重要度が低い」というものであり，対象文献の特徴を知るための最も基本的な分析である[7]。また，共起ネットワーク分析とは，単語と単語の間の関連性を検討する分析である。つまり，2つの単語について同じ文章中に同時に出現（共起）すると関連が強いと見なす。一方，2つの単語について同じ文章中に同時に出現（共起）しないと関連が低いと見なすのである[7]。

　本研究では，各コードの関連を共起ネットワークの結果を色分けによって示す「サブグラフ検出」で表現した。サブグラフ検出は，共起の程度が強いコードを線で結ぶことで関連性を把握できる。また，共起関係が強いほど太い線で示し，大きい円ほど出現数が多いことを示すなどの特徴がある[6]。

　表9-1は，出現回数の多い単語から順に出現回数4までの単語をリストアップしたものである。「情報」が104回で一番多く，次いで「思う」が48回，「聞く」が47回となっている。

　図9-1は，メディア・リテラシーに関する各語の関係を共起ネットワーク

表9-1　メディア・リテラシーに関する頻出語

抽出語	出現回数	抽出語	出現回数
情報	104	社会	7
思う	48	伝える	7
聞く	47	能力	7
言葉	24	マナー	6
メディア	23	国語	6
ません	17	自分	6
イメージ	17	インターネット	5
分かる	14	パソコン	5
意味	10	活用	5
授業	10	使う	5
新聞	10	詳しい	5
知る	10	発信	5
テレビ	9	利用	5
関係	9	力	5
正しい	9	全く	4
覚える	7	判断	4
考える	7	忘れる	4

（サブグラフ検出）で示したものである。

　実線で結ばれた語は，①「情報」，「メディア・リテラシー」，「メディア」，「言葉」，「思う」，「聞く」，「ません」，「覚える」，「意味」，「知る」「詳しい」の11語，②「国語」，「新聞」，「テレビ」，「能力」，「活用」，「考える」の6語，③「正しい」，「利用」，「判断」，「力」，「忘れる」，「マナー」の6語，④「授業」，「社会」，「イメージ」の3語，「発信」，「関係」，「分かる」の3語，⑤「インターネット」，「パソコン」の2語であった。

　図9-1から分かるように，メディア・リテラシーに関しては，聞いたことがあるが意味は詳しく知らない，覚えていないということが分かる。一方聞いていない者も存在する。

　メディア・リテラシーとは，新聞，テレビ活用して考える能力のことであ

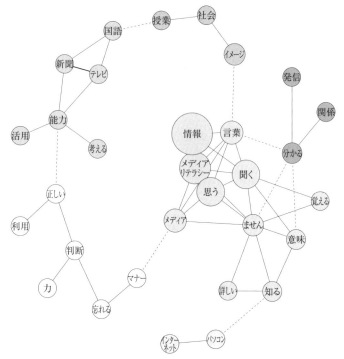

図 9-1　メディア・リテラシーに関する共起ネットワーク

る。正しく利用して，判断する力がメディア・リテラシーと考えている者も
いると解釈された。

　次に，自由記述の調査でメディア・リテラシーという言葉を聞いたことが
ないという趣旨の文章を書いた者は14名であった。聞いたことがあるが内容
を理解していない者は，39名であった。

　一方，聞いたことの有無に関する情報を書いていなかった者は66名であっ
た。その内，自分で情報を取捨選択するという趣旨の文章を書いた者は16名
であった。残りの50名は，情報収集，情報操作，新聞，テレビなどの語彙は
書いているが，内容を理解していないことが分かった。このように，メディ

ア・リテラシーの意味を一応，理解している者は16名（全体の13.6％）に過ぎなかった。この結果から，メディア・リテラシー教育の重要性が改めて確認できた。

9.3.　メディア・リテラシーの定義

　メディア・リテラシーの定義について，鈴木（1997）[8]は，「メディア・リテラシーとは，市民がメディアを社会的文脈でクリティカルに分析し，評価し，メディアにアクセスし，多様な形態でコミュニケーションをつくりだす力をさす。また，そのような力の獲得をめざす取り組みもメディア・リテラシーという」と説明している。

　水越（2002）[9]は，「メディア・リテラシーとは，人間がメディアに媒介された情報を，送り手によって構成されたものとして批判的に受容し，解釈すると同時に，自らの思想や意見，感じていることなどをメディアによって構成的に表現し，コミュニケーションの回路を生み出していくという，複合的な能力のことである」と指摘している。

　中橋（2014）[10]は，「メディアの意味と特性を理解した上で，受け手として情報を読み解き，送り手として情報を表現・発信するとともに，メディアのあり方を考え，行動していくことができる能力」と定義している。

　後藤（2006）[11]は，「多様な情報メディアの特性を踏まえ，それらを情報の受信と発信に主体的に活用するとともに，情報を鵜呑みにすることなく批判的に捉えようとする態度及び能力」と捉えている。

9.4.　メディア・リテラシー教育

　小平（2012）[12]は，ヨーロッパがどのように「メディア・リテラシー」を捉えているかについて，ECの「メディア・リテラシー」報告書[13]に基づいて次のように検討している。

　「メディア・リテラシーとは，メディアにアクセスする能力，メディア及

びメディアコンテンツの異なる側面を理解して，クリティカルに評価でき，様々な文脈においてコミュニケーションができる能力である。テレビや映画，ラジオや音楽，印刷メディア，インターネットやその他のデジタル通信技術等，あらゆるメディアが対象となる。また，メディア・リテラシーは，若者世代だけでなく，成人も高齢者も，親，教師，メディアの専門家もすべての人にとっての基本的な能力である」と指摘している。

高等学校学習指導要領では「メディア・リテラシー」という用語は使われていない。しかし，岡本・浅井 (2014)[14] によると平成25年から始まった「社会と情報」の教科書では6社8冊中の6冊に記述があり，メディア・リテラシーは情報科の授業の中で取り扱うべき項目と考えられると述べている。

また，中橋 (2014)[15] は，「メディア・リテラシー」と情報活用能力の育成を目指す「情報教育」との重なりが大きいことを指摘している。

石村 (2015)[16] は，メディア・リテラシーを「情報活用能力」，「コンピュータ・リテラシー」，「情報リテラシー」と同じような意味で使っていることも多いと述べている。

そこで，次に知識基盤社会，情報リテラシーおよび情報教育について検討する[1]。

9.5. 知識基盤社会

「知識基盤社会」とは，2005年（平成17年）1月の中央教育審議会における「我が国の高等教育の将来像（答申）」[17] では，

「①知識には国境がなく，グローバル化が一層進む。②知識は日進月歩であり，競争と技術革新が絶え間なく生まれる。③知識の進展は旧来のパラダイムの転換を伴うことが多く，幅広い知識と柔軟な思考力に基づく判断が一層重要となる。④性別や年齢を問わず参画することが促進される。」が挙げられている。

また，2008年（平成20年）1月の中央教育審議会答申「幼稚園，小学校，

中学校，高等学校及び特別支援学校の学習指導要領等の改善について（答申）」[18] の中で，「このような社会において，自己責任を果たし，他者と切磋琢磨しつつ一定の役割を果たすためには，基礎的・基本的な知識・技能の習得やそれらを活用して課題を見いだし，解決するための思考力・判断力・表現力等が必要である。しかも，知識・技能は，陳腐化しないよう常に更新する必要がある。生涯にわたって学ぶことが求められており，学校教育はそのための重要な基盤である」と述べられている。

　すなわち，新しい知識があらゆる活動の基盤として重要であり，問題解決能力といった高度な知的能力が求められるようになってきている。したがって，今後の「知識基盤社会」では，ICT（Information and Communication Technology：情報通信技術）活用スキルや「情報リテラシー」などの向上を図るとともに，情報モラルに関する知識の習得など，情報を適切に活用する能力を育成していく必要がある。

9.6.　情報リテラシー

　情報リテラシーは，文部科学省の「教育の情報化に関する手引」[19] では，情報活用能力として説明されている。情報活用能力を育成するためには，情報教育は重要となると指摘されている。

　つまり情報教育では，情報活用能力の育成を通じて，社会の様々な変化に主体的に対応できるための基礎・基本の習得を目指しており，「生きる力」につながると考えられる。また，「情報社会に参画する態度」は，「豊かな心」と密接に関連しており，「生きる力」を育てる上でも，情報教育が非常に重要な役割を担っている。9.5.で述べた「知識基盤社会」では，「生きる力」の要素としての「情報活用能力」の重要性は一層高まっているといえる。

　さらに，文部科学省は2011（平成23）年4月に，新たな「教育の情報化ビジョン」[20] を定め，①子どもたちの情報活用能力の育成，②教科指導における情報通信技術の活用（情報通信技術を効果的に活用した分かりやすく深まる授業

の実現等），③校務の情報化（情報通信技術を活用した教職員の情報共有によるきめ細かな指導等）の3つの側面で教育における情報化を推進するとしている。

9.7. 情報教育

　小学校段階では，基本的な操作を確実に身に付けさせ，ICT を適切に活用できるようにするための学習活動を積極的に取り入れることが重要である。また，中学校段階では，ICT をより「主体的，積極的に」活用できるようにし，高等学校段階では，「実践的，主体的」に活用できるようにするための学習活動へと発展させていくことが求められている[21]。

　一方，特別支援学校の小学部および中学部では，コンピュータや情報通信ネットワークなどの情報手段に慣れ親しみ，その基本的な操作や情報モラルを身に付け，適切かつ主体的，積極的に活用できるようにするための学習活動を充実することが求められている。また，視聴覚教材や教育機器などの教材・教具の適切な活用を図り，障害の状態等に即した教材・教具を創意工夫し，指導効果を高めることが重要である[22]。

第10章　ゲーム・リテラシー教育

10.1.　ゲーム・リテラシーとは

　第9章の9.3.で述べたように，メディア・リテラシーとは，メディアを批判的に理解し利用するための能力を指す。ビデオゲームは，メディアの一つであるのでメディア・リテラシーが求められる。しかし，テレビや新聞などのマスメディアとは明らかに違うと考えられる。

　中橋・水越（2003）[1] は，「従来のメディア・リテラシー研究は，主にマスメディア対個人という関係性の中で，情報を批判的に読み解くということが中心的課題であったが，今後は，インターネットのような新しいメディアコミュニケーションも含めて考えていかなくては，時代に即したものとはならない」と述べている。

　一方，馬場（2006）[2] は，「ビデオゲームの場合はゲーム制作者とプレイヤーとの間だけでなく，多人数プレイの場合にはプレイヤーどうしのリテラシーが求められる。このような多重の関係性を前提として成り立つリテラシーを一般的なメディアリテラシーから区別して，ゲームリテラシーと呼ぶこととする」と述べている。つまり，ゲーム・リテラシーとはメディア・リテラシーを基礎としつつも，他のメディアよりもインタラクティブなメディアであるゲームに対する付き合い方であると定義している。

　また，馬場（2008）[3] は，メディア・リテラシーの中でも，メディアとしてのゲームの特質を知り尽くしてゲームと上手に付き合っていく力を，特にゲーム・リテラシーと呼んでいる。

　さらに，馬場・遠藤（2013）[4] は，「ゲーム・リテラシーとはゲームの本質を批判的に理解して，ゲームを使いこなし，ゲームを開発する基本的能力で

あり，ゲームを制作する人やゲームをする人はもちろん，ゲームをしない人も含めて全ての人に必要である」と指摘している。

Zagal（2010）[5]は，ゲーム・リテラシーには「ゲームをプレイする能力」，「ゲームに関する意味を理解する能力」，「ゲームを作る能力」があると定義している。

財津・樋口（2012）[6]は，「ゲームの付き合い方をゲーム・リテラシーと操作的に定義し，ゲーム・リテラシーを身に付けることによって，ゲームを使用した取組みの効果を高め，近年問題視されているゲーム依存の抑止力となる」と指摘している。

10.2. ゲーム・リテラシー教育の現状

ビデオゲームに対する不安は，保護者や教師を中心に依然として根強いものがある。これは，ビデオゲームの使用が発達や健康に悪影響を及ぼす可能性について懸念がもたれていると考えられる。また，ビデオゲームを教育の現場で利活用した体系的な研究が，世界的に見ても非常に少ないことも一因であると考えられる。

藤川（2006）[7]は，ビデオゲームはテレビやパーソナル・コンピュータとは異なり，純粋に娯楽であるため，学校の授業で扱われることはほとんどなかった指摘している。また，単にゲームを抑制する方向で指導が行われがちであるが，子ども自身とビデオゲームとの関係を問い直す授業が必要であると述べている。

今後は，ビデオゲームを「してはいけない」ではなく，ビデオゲームの特性を知り，上手に付き合う方法を指導していく「ゲーム・リテラシー教育」が必要であると考えられる[3]。

和田（2010）[8]は，大学生がこれまでに受けてきたメディア・リテラシー学習では，ゲームの分析能力は養われていないと指摘している。一方，ゲームの分析教材を作成することによって，体験したゲームの分析能力が高まっ

たことが明らかにされたと報告している。

　このように，一般的なゲームの分析だけでは社会的問題に関して，学生の能力の向上に影響を与えないことが明らかになったのである。そこで，和田 (2011)[9] は，メディア・リテラシー教育において，暴力的ビデオゲームを用いてクリティカルに分析を行う学習教材を大学生に作成させ，ゲームへの認知がどのように変化するのかについて検討した。その結果，あるゲームの一部分では暴力の認知が深まったと指摘している。

第11章　ビデオゲームのイメージ・感情が
依存傾向に及ぼす影響

11.1.　ビデオゲームで生じた感情と依存傾向との関係

　毎月第1，第3日曜日を「ノーゲームデー」とし，大人も子どもも，ゲーム（コンピュータゲーム，携帯式のゲーム，携帯電話やスマートフォンを使ったゲームを含む）をしない日を設定し，実践を呼びかけている教育委員会もある[1]。

　このように，ビデオゲームに対する不安は，保護者や教師を中心に依然として根強いものがある。これは，ビデオゲームの使用が発達や健康に悪影響を及ぼす可能性について懸念がもたれているからだと考えられる。また，教育におけるビデオゲームの利活用に関する研究や論文が，世界的に見ても非常に少ないことも不安を与える一因であると思われる。

　今後は，ただ単に「ビデオゲームをしてはいけない」ではなく，ビデオゲームの特性を知り，上手に付き合う方法を指導していく「ゲーム・リテラシー教育」が必要であると考えられる。

　ゲーム・リテラシーを身につけるためには，ゲームプレイヤーの心理的側面も知らなければならない。しかしながら，ゲームの心理面に関する研究は，十分に行われていないのが現状である。

　井口（2013）[2] は，人々がどういった目的を持ってビデオゲームを利用するのか，どのような満足を得ているのかに関する研究は少ないのが現状であると指摘している。

　現在，問題視されているゲーム依存に関しては，ゲーム・リテラシーを身につけることによって防ぐことができる可能性があると考えられる。

　この点に関心して，戸部・竹内・堀田（2010）[3] は，ビデオゲームの使用

と心理・社会的問題性を検討する際には，使用時間以上にゲームの依存傾向に着目する必要があると述べている。

したがって，ビデオゲームに対するイメージやビデゲームのプレイで生じた感情とゲームへの依存との関係を明らかにすることができれば，ゲーム・リテラシー教育の教材を開発する上で，有力な材料となると考えられる。

小孫（2016）[4] は，大学生550名（男性312名，女性238名）を対象に，ビデオゲームに対するイメージおよびビデゲームのプレイで生じた感情とビデオゲームの依存傾向との関係について検討している。

11.2.　ビデオゲームの利用回数

ビデオゲームの利用回数に関しては，「ほとんど毎日」（232名：42.2%）が最も多く，次いで「ほとんどしない」（169名：30.7%），「週に 3 〜 4 回」（82名：14.9%），「週に 1 〜 2 回」（67名：12.2%）の順になっている。

11.3.　ビデオゲームのプレイ時間

図 11-1 は，プレイ回数別の 1 週間あたりの平均プレイ時間を示したものである。「ほとんど毎日」（平均7.0時間）が最も長く，次いで「週に 3 〜 4 回」（平均3.9時間），「週に 1 〜 2 回」（平均1.8時間），「ほとんどしない」（平均0.2時間）の順になっている。

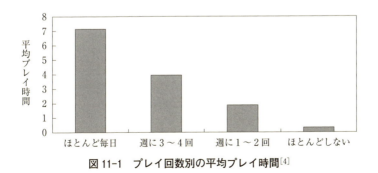

図 11-1　プレイ回数別の平均プレイ時間[4]

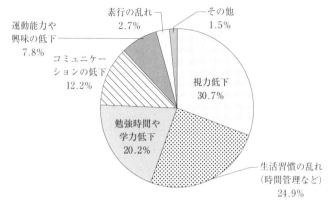

図 11-2　ビデオゲームが子どもに及ぼす影響
(小孫（2016）[4] のデータを基に作成)

11.4.　ビデオゲームが子どもに及ぼす影響

　図 11-2 は，ビデオゲームが子どもに及ぼす影響を示したものである。「視力低下」（169名，30.7%）が最も多く，次いで「生活習慣の乱れ（時間管理など）」（137名，24.9%），「勉強時間や学力低下」（111名，20.2%），「コミュニケーションの低下」（67名，12.2%），「運動能力や興味の低下」（48名，7.8%），「素行の乱れ（言葉遣い，嘘をつくなど）」（15名，2.7%），「その他」（8名，1.5%）の順になっている。

11.5.　ビデオゲーム依存傾向得点

　ビデオゲーム依存傾向では，戸部・竹内・堀田（2010）[3] が作成した11項目（「テレビゲームをする時間が，思っていたよりずっと長くなる」，「テレビゲームのしすぎで，睡眠不足になる」など）を使用した。回答形式は，「よくある」（3点），「時々ある」（2点），「あまりない」（1点），「ない」（0点）の4件法であった。

　図 11-3 は，プレイ回数別の平均ビデオゲーム依存傾向得点を示したもの

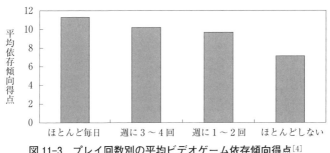

図 11-3　プレイ回数別の平均ビデオゲーム依存傾向得点[4]

である。1要因の分散分析を行った結果，「ほとんど毎日」の方が「週に1
～2回」，「ほとんどしない」よりも高かった（$p < .05$）。また，「週に3～4
回」および「週に1～2回」の方が，「ほとんどしない」よりも高かった
（$p < .05$）。

11.6.　ビデオゲームに対するイメージ

　ビデオゲームに対するイメージでは，森・湯地（1996）[5] が作成した「欲
求不満の解消になる」など15項目を使用した。回答形式は，「全然思わない」，
「あまり思わない」，「少しそう思う」，「とてもそう思う」の4件法であった。

11.6.1.　ビデオゲームに対するイメージの因子分析

　ビデオゲームに対するイメージの評定値を基にして，最尤法による因子分
析が行われた。固有値が1.0以上の3因子を抽出後，プロマックス回転を行
った。

　その結果，十分な因子負荷量を示さなかった1項目を分析から除外し，再
度因子分析を行った。

　回転後の各項目の因子負荷量を表11-1に示す。第I因子は「欲求不満の
解消になる」（.71），「ストレス発散になる」（.70）などの項目で因子負荷量
が高く，「欲求不満発散因子」と命名した。

表 11-1　ビデオゲームに対するイメージの因子分析[4]

項　　目	因子 I	II	III
欲求不満の解消になる	.71	− .04	.01
ストレス発散になる	.70	− .02	− .02
友だちとつき合うよりもわずらわしくない	.64	− .01	.00
自分一人の時間を持つことができる	.63	.07	− .03
暇なときに時間の埋め合わせをしてくれる	.50	− .06	− .04
私にとっていい友だ	.48	.06	.21
自分が一人でいることを忘れる	.41	.08	.13
空想の世界へ導いてくれる	.04	.91	− .11
ファンタジーの世界を楽しむことができる	.06	.78	− .11
主人公になった気分になる	− .09	.70	.14
自分が英雄になった気になる	− .07	.43	.29
自分の能力を知ることができる	− .04	− .01	.92
反射神経を試すことができる	.04	− .06	.72
競争心をかきたてられる	.07	.06	.55

　第 II 因子は「空想の世界へ導いてくれる」（.91），「ファンタジーの世界を楽しむことができる」（.78）などの項目で因子負荷量が高く，「自己陶酔因子」と命名した。

　第 III 因子は「自分の能力を知ることができる」（.92），「反射神経を試すことができる」（.72）などの項目で因子負荷量が高く，「能力競争因子」と命名した。

11.6.2.　プレイ回数群別によるビデオゲームに対するイメージ

　図 11-4 は，各因子におけるプレイ回数群別の平均因子得点を示したものである。プレイ回数群別条件(4) × 因子別条件(3)で，2 要因の分散分析を施した。その結果，プレイ回数群別条件において主効果に有意傾向（$F(3, 546)$ = 2.61，$p < .1$）が見られた。ほとんど毎日プレイする群の方が，週に 1 ～ 2

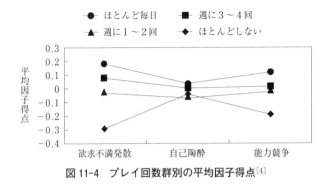

図 11-4　プレイ回数群別の平均因子得点[4]

回およびほとんどプレイしない群よりも有意に因子得点は高かった（$p < .05$）。また，週に3〜4回および週に1〜2回プレイする群の方が，ほとんどプレイしない群よりも因子得点は高かった（$p < .05$）。

　プレイ回数群別条件と因子別条件の交互作用（$F(6, 1092) = 2.35$, $p < .05$）が有意であった。そこで，要因ごとに単純主効果の検定を行った結果，欲求不満発散因子ではプレイ回数群別条件の効果が有意（$F(3, 546) = 5.62$, $p < .01$）であった。LSD 法を用いた多重比較の結果，ほとんど毎日および週に3〜4回プレイする群は，ほとんどプレイしない群より高かった（$p < .05$）。つまり，欲求不満の発散ができるため，ほぼ毎日プレイすると考えられる。

　ほとんどプレイしない群では，因子群別条件の効果が有意（$F(2, 1092) = 4.77$, $p < .01$）であった。LSD 法を用いた多重比較の結果，欲求不満発散の方が自己陶酔よりも有意に因子得点は低かった（$p < .05$）。

11.7.　ビデオゲームのプレイで生じた感情

　ビデオゲームのプレイで生じた感情では，湯川・吉田（2001）[6] の研究を参考に，「もの悲しい」，「不安」などの19項目を使用した。回答形式は，「まったく感じられない」から「非常に強く感じられる」の6件法であった。

11.7.1. ビデオゲームのプレイで生じた感情の因子分析

　ビデオゲームプレイ後の感情の評定値を基にして，最尤法による因子分析が行われた。固有値が1.0以上の3因子を抽出後，プロマックス回転を行った。その結果，十分な因子負荷量を示さなかった1項目を分析から除外し，再度因子分析を行った。回転後の各項目の因子負荷量を表11-2に示す。

　第Ⅰ因子は「もの悲しい」(.80)，「不安な」(.79) などの項目で因子負荷量が高く，「不安因子」と命名した。

　第Ⅱ因子は「イライラした」(.92)，「ムシャクシャした」(.76)，「ムカムカした」(.72) などの項目で因子負荷量が高く，「不快因子」と命名した。

表 11-2　ビデオゲームのプレイで生じた感情の因子分析[4]

項　　　目	因子Ⅰ	Ⅱ	Ⅲ
もの悲しい	.80	- .10	.05
不安な	.79	.09	- .08
重苦しい	.77	- .10	.09
無力感	.74	- .10	.02
動揺した	.73	.00	.08
嫌悪	.72	.09	- .10
虚しさ	.71	.00	- .04
沈んだ	.62	.23	- .03
憎らしい	.60	.30	- .06
恐怖	.43	.02	.21
イライラした	- .13	.92	.04
ムシャクシャした	.12	.76	- .05
ムカムカした	.15	.72	- .05
怒り	- .03	.66	.14
爽快感	- .06	.03	.83
すっきりした	.00	.07	.68
愉快な	- .01	- .03	.65
ドキドキした	.20	.03	.50

第Ⅲ因子は「爽快感」(.83)，「すっきりした」(.68)，「愉快な」(.65) などの項目で因子負荷量が高く，「爽快因子」と命名した。

11.7.2.　プレイ回数群別によるビデオゲームのプレイで 生じた感情

図 11-5 は，各因子におけるビデオゲームのプレイで生じた感情の平均因子得点を示したものである。

プレイ回数群別条件(4)×因子別条件(3)で，2 要因の分散分析を施した。その結果，プレイ回数群別条件において主効果（$F(3, 546) = 3.49$, $p < .05$）が見られた。ほとんどプレイしない群の方が他の群よりも有意に因子得点は低かった（$p < .05$）。

プレイ回数群別条件と因子別条件の交互作用（$F(6, 1092) = 4.22$, $p < .01$）が有意であった。そこで，要因ごとに単純主効果の検定を行った結果，爽快因子ではプレイ回数群別条件の効果が有意（$F(3, 546) = 11.55$, $p < .01$）であった。LSD 法を用いた多重比較の結果，ほとんどしない群は他の群より低かった（$p < .05$）。

このようにビデオゲームのプレイで生じた感情，特に爽快因子はプレイ回数別による評価視点の相違があることが明らかになった。

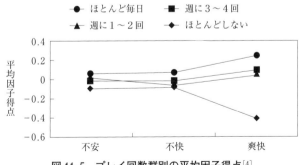

図 11-5　プレイ回数群別の平均因子得点[4]

　ほとんど毎日プレイする群では因子群別条件の効果が有意傾向（$F_{(2, 1092)}=2.63$, $p<.1$）であった。LSD法を用いた多重比較の結果，爽快の方が不安および不快よりも有意に因子得点は高かった（$p<.05$）。

　ほとんどプレイをしない群では因子群別条件の効果が有意（$F_{(2, 1092)}=8.51$, $p<.01$）であった。LSD法を用いた多重比較の結果，爽快の方が不安および不快よりも有意に因子得点は低かった（$p<.05$）。

11.8. ビデオゲーム依存傾向とイメージ因子および 感情因子との相関関係

　ビデオゲーム依存傾向得点とビデオゲームに対するイメージ3因子（欲求不満発散，自己陶酔，能力競争）の因子得点およびビデオゲームのプレイで生じた感情3因子（不安，不快，爽快）の因子得点との関連を見るため，相関係数を算出した（表11-3）。

　ビデオゲーム依存傾向得点とイメージ因子および感情因子との間に有意な正の相関が見られた。

　特に，ビデオゲーム依存傾向得点とビデオゲームに対するイメージ因子である欲求不満発散との間に中程度の相関が見られた。つまり，ビデオゲームは欲求不満発散が出来るメディアあるとイメージしている人ほど，ビデオゲームの依存傾向得点が高くなる傾向が見られた。

　また，ビデオゲーム依存傾向得点とビデオゲームのプレイで生じた感情因子である「爽快」との間に中程度の相関が認められた。ビデオゲームのプレ

表 11-3　ビデオゲーム依存傾向とイメージ因子および
感情因子との相関関係[4]

	欲求不満発散	自己陶酔	能力競争	不安	不快	爽快
依存傾向	.61**	.35**	.45**	.38**	.36**	.48**

$**p<.01$

イで「爽快」の感情が生じたと思っている人ほど，ビデオゲームの依存傾向
得点が高くなる傾向が見られた。

11.9.　ビデオゲームに対するイメージ因子，ゲームプレイで 生じた感情因子からビデオゲーム依存傾向の予測

　ビデオゲームに対するイメージおよびゲームプレイで生じた感情がゲーム
依存傾向に及ぼす影響について検討するために重回帰分析（強制投入法）を
行った。ゲーム依存傾向得点を従属変数，ビデオゲームに対するイメージ因
子である欲求不満発散，自己陶酔，能力競争の因子得点およびゲームプレイ
で生じた感情因子である不快因子，敵意因子，爽快因子の因子得点をそれぞ
れ独立変数とした。

　その結果，重決定係数は.41（$p<.01$）であった。それぞれの独立変数から
従属変数への標準偏回帰係数は，表 11-4 に示す通りである。なかでも，欲
求不満発散は，ビデオゲーム依存傾向の重要な要因となっていることが明ら
かになった。

　次に，ビデオゲーム依存傾向は，プレイ時間と関連があると考えられるの
で，相関係数を求めてみると，$r=.24$（$p<.01$）となり弱い相関であった。
ビデオゲームへの依存傾向はプレイ時間と関連するが，プレイ時間のみで特
徴づけられるものではないと考えられる。欲求不満の発散，ストレス解消な

表 11-4　重回帰分析の結果[4]

独立変数	標準偏回帰係数
欲求不満発散	.50**
自己陶酔	− .07†
能力競争	.03
不安	.10†
不快	.08
爽快	.12**

†$p<.1$，**$p<.01$

どの心理的側面を踏まえて検討する必要がある。

　中室（2015）[7] は，ゲームのプレイ時間を制限しても，学習時間はほとんど増えないと指摘している。また，1日1時間程度，ゲームをすることで息抜きをすることに罪悪感を持つ必要はないと述べている。

　新井（2013）[8] は，ソーシャルゲームを長い時間，頻繁に行っているからといって依存であるとは限らず，より健全な関わり合いを持っていることも多いと述べている。例えば，ソーシャルゲームがストレス発散の場として機能している場合は，日常生活において心理的安定の場として活用していると考えられるのである。

89

第12章　遊びとビデオゲーム

12.1.　遊びとは

　子どもの頃，親や教師から，「遊んでいる場合じゃないですよ，勉強しなさい」，ということをよく言われたのではないだろうか。勉強が「善」で，遊びが「悪」のように聞こえた。この点に関して，角田 (1998)[1] は，「遊びと労働，遊びと勉強と二次元的に存在するわけではない。遊びは，他の活動と並行的に，あるいは絡み合って共存するように多次元的であり，精神としてどこにでも出現することが可能である」と述べている。

　中野 (2014)[2] によると，古来，日本人は月光を愛で，蛍狩り，虫聴きといった闇の遊びを多彩に楽しんだ。つまり日本人は闇の達人だったという。

　このように，遊びという概念は，あまりにも広すぎる。つまり，遊びを一括的に意味づけたり，定義づけたりすることは困難であると考えられる。

　椎野 (2011)[3] は，遊び論に関して「ホイジンガはオランダ語の Homo Ludens，カイヨワの議論はフランス語の Jeux についてのものであり，日本語の遊びについての議論したものではない」と指摘している。また，「日本語の遊びの世界は，俗なる世界のみの世界である」と主張している。

　上村・尾鼻 (2009)[4] は，ビデオゲームの本質的な要素であると思われる遊びに注目し，遊びとしてのビデオゲーム研究を行っている。

　ところで，子どもの頃によく遊んだ「鬼ごっこ」などは，楽しかった思い出がある。日常生活の中のちょっとした遊びにも面白いことが沢山ある。筆者は「足じゃんけん」が今でも記憶に残っている。「足じゃんけん」とは，足を使ったじゃんけんである。「グー」は両足をそろえて「軍艦（ぐんかん）」と声を発する。「チョキ」は足を前後に開いて，「沈没（ちんぼつ）」と言う。

「パー」は左右に開いて，「破裂（はれつ）」と声を出す。「軍艦　軍艦　沈没」などのリズミカルな歌に合わせて足じゃんけんをする。勝てば主導権があり，再び歌に合わせて足じゃんけんをするのである。このように，遊びを通して相手と勝負するのが面白いという感覚があるので，ビデオゲームをプレイしても勝負するところが面白いと感じるのかもしれない。

　そこで，子どもの頃，ビデオゲーム以外の遊びで得た感覚とビデオゲームで遊んだ感覚との違いを検討することにより，ビデオゲームの固有の面白さを明らかにすることができる可能性があると考えられる。

　本研究は，大学 2 年生93名（男性：43名，女性50名）を対象に，「小学生の頃，どのような遊びをしていたか，どういうところが面白かったか」，また，「ビデオゲームのどこが面白いと思って遊んでいたか」を自由記述で求めた。さらに，「あなたにとって，遊びとは何か」を自由記述で求め，樋口(2014)[5] が開発したテキストマイニングソフト「KH Coder」で分析を行った。

12.2.　小学生の頃の遊び

　小学生の頃の遊びに関する KH Coder の設定は，次の通りである。集計単位は文，最小出現数は 7，共起関係の描画数は60，共起関係の検出方法はサブグラフ検出を用いた。

　図 12-1 は，小学生の頃の遊びに関する共起ネットワーク分析の結果を示したものである。実線で結ばれた語のグループは 8 つであった。

　①「面白い」，「鬼」，「逃げる」，「見つかる」，「隠れる」，「必死」，「考える」，「人」，「タッチ」，「泥棒」，「行く」，「捕まる」，「捕まえる」，「仲間」，「作戦」，「ドロ」，「ケイ」，「かくれんぼ」という18語のネットワークで構成されている。ドロケイなどのかくれんぼうなどの遊びを行っており，必死で隠れ，逃げる，見つけられたり，捕まえたりする。仲間と作戦を考えることが面白いと解釈できる。

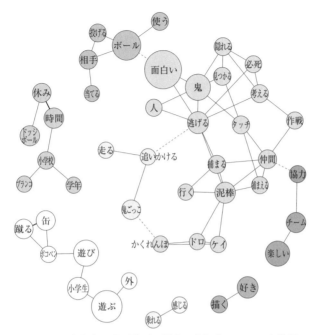

図 12-1　小学生の頃の遊びに関する共起ネットワーク分析

　②「遊ぶ」,「遊び」,「小学生」,「缶」,「蹴る」,「ポコペン」,「外」という7語のネットワークで構成されており,缶蹴りやポコペンなどで外で遊んだと解釈できる。

　③「ドッジボール」,「小学校」,「休み」,「時間」,「ブランコ」,「学年」という6語のネットワークで構成されており,休み時間はドッジボールやブランコで遊んだと解釈できる。

　④「ボール」,「相手」,「投げる」,「当てる」,「使う」という5語のネットワークで構成されており,ボールを相手に投げ当てると解釈できる。

　⑤「楽しい」,「チーム」,「協力」という3語のネットワークで構成されており,チームで協力することは楽しいと解釈できる。

　⑥「鬼ごっこ」,「追いかける」,「走る」という3語のネットワークで構成

表 12-1　小学生の頃の遊びに関しての頻出語

抽出語	出現回数	抽出語	出現回数
面白い	68	泥棒	20
遊ぶ	51	自分	21
ボール	44	ドッジボール	18
鬼	35	チーム	17
遊び	35	時間	17
楽しい	32	缶	16
友達	28	鬼ごっこ	16
小学生	25	相手	16
逃げる	23	休み	15
好き	21	蹴る	15

されており，鬼ごっこで追いかけ，走ると解釈できる。

　⑦「好き」，「描く」という 2 語のネットワークで構成されている。

　⑧「乗れる」，「感じる」という 2 語のネットワークで構成されている。

　表 12-1 は，小学生の頃の遊びに関して，出現回数の多い単語から順に出現回数15までの単語をリストアップしたものである。「面白い」が68回で一番多く，次いで「遊ぶ」が51回，「ボール」が44回，「鬼」が35回，「遊び」が35回となっている。

　小学生の頃の遊びの種類に関しては，ボールに関連する遊び，鬼，泥棒，および鬼ごっこに関連する遊びであった。

12.3.　ビデオゲームの面白さ

　ビデオゲームの面白さに関する KH Coder の設定は，次の通りである。集計単位は文，最小出現数は 5，共起関係の描画数は60，共起関係の検出方法はサブグラフ検出を用いた。

　図 12-2 は，ビデオゲームの面白さに関する共起ネットワーク分析の結果である。実線で結ばれた語は，10のグループに分けることができる。

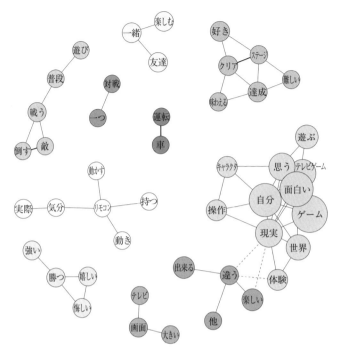

図 12-2　ビデオゲームの面白さに関する共起ネットワーク分析

　①「ゲーム」,「面白い」,「自分」,「テレビゲーム」,「現実」,「世界」,「思う」,「遊ぶ」,「キャラクター」,「操作」,「体験」という11語のネットワークで構成されており, 現実の世界ではない体験でき, 自分でキャラクターを操作できることが面白いと思っていると解釈できる。

　②「難しい」,「ステージ」,「クリア」,「達成」,「味わえる」,「好き」という6語のネットワークで構成されており, 難しいステージをクリアし, 達成感を味わえるのが好きと解釈できる。

　③「リモコン」,「持つ」,「動き」,「動かす」,「実際」,「気分」という6語のネットワークで構成されており, リコモンを持って動かすと解釈できる。

　④「普段」,「遊び」,「敵」,「戦う」,「倒す」という5語のネットワークで

構成されており，敵と戦い倒すと解釈できる。

⑤「違う」，「出来る」，「楽しい」，「他」という4語のネットワークで構成されており，違うことが出来，楽しいと解釈できる。

⑥「強い」，「勝つ」，「嬉しい」，「悔しい」という4語のネットワークで構成されており，強いものに勝って嬉しいと解釈できる。

⑦「テレビ」，「画面」，「大きい」という3語のネットワークで構成されており，テレビ画面が大きいと解釈できる。

⑧「友達」，「一緒」，「楽しむ」という3語のネットワークで構成されており，友達と一緒に楽しむと解釈できる。

⑨「車」，「運転」という2語のネットワークで構成されており，車の運転と解釈できる。

⑩「対戦」，「一つ」という2語のネットワークで構成されている。

表12-2は，ビデオゲームの面白さに関して，出現回数の多い単語から順に出現回数13までの単語をリストアップしたものである。「自分」という語は70回，「現実」という語は48回であり他の語と比較しても多い。したがって，特徴的な語であると考えられる。

表 12-2　ビデオゲームの面白さに関しての頻出語

抽出語	出現回数	抽出語	出現回数
ゲーム	83	キャラクター	17
面白い	78	好き	17
自分	70	操作	17
現実	48	友達	17
テレビゲーム	47	感じる	16
思う	45	体験	16
世界	37	一緒	14
遊ぶ	30	クリア	13
楽しい	22	画面	13
出来る	22	楽しむ	13

　「自分」および「現実」という語は，データの中でどのように用いられているのかを検討するために，「KH Coder」のコンコーダンス機能（該当する語がどのように用いられているかを調査する機能）を用いて検索を行った。

　その結果，「自分」に関しては，「自分が思うように動かせることに面白さを感じていた」，「自分がそのキャラクターを操作することができるから」，「自分の操作によりストーリーが展開できること」などであった。

　「現実」に関しては，「現実では出来ないことを出来るというのが面白かった」，「現実ではありえないことが体験できてしまう」，「現実ではありえないような世界を冒険したり，戦ったりと，想像の世界が体験できる」などであった。このように，ビデオゲームは，自分が主人公になってキャラクターを操作し，現実ではありえないような世界で活躍できると感じるのである。一方，小学生の頃の遊び（12.2.参照）では，ボールやかくれんぼうなどの遊びを行っており，逃げたり，捕まえたりするなどの行動が面白いと感じるのである。また，ビデオゲームでは一緒に楽しむ，小学生の頃の遊びでは仲間という言葉が用いられているが，どちらも友達など複数の子どもと遊んでいたことがわかる。

12.4.　遊びの意義

　遊びの意義に関する KH Coder の設定は，次の通りである。集計単位は文，最小出現数は15，共起関係の描画数は60，共起関係の検出方法はサブグラフ検出を用いた。

　図 12-3 は，遊びの意義に関する共起ネットワーク分析の結果である。実線で結ばれた語は10のグループに分けることができる。

　①「遊び」，「考える」，「友達」，「遊ぶ」，「楽しい」，「人」，「子ども」，「学ぶ」，「多い」，「自分」，「思う」，「感じる」という12語のネットワークで構成されており，子どもは遊びから学び，友達と遊ぶことは楽しいというイメージを表している語のまとまりであると解釈される。

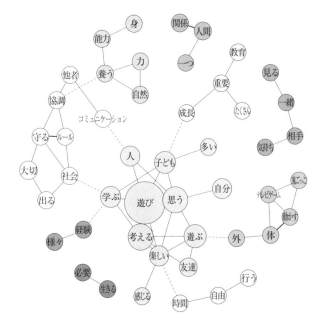

図 12-3　遊びの意義に関する共起ネットワーク分析

　②「社会」,「ルール」,「守る」,「大切」,「出る」,「他者」,「協調」,「コミュニケーション」という 8 語のネットワークで構成されており,社会のルールを守る大切さ,他者と協調するコミュニケーションを表している語のまとまりであると解釈される。

　③「テレビゲーム」,「鬼ごっこ」,「外」,「体」,「動かす」という 5 語のネットワークで構成されており,鬼ごっこは外で体を動かすことを表している語のまとまりであると解釈される。

　④「自然」,「能力」,「力」,「養う」,「身」という 5 語のネットワークで構成されており,自然と能力を養うと解釈される。

　⑤「相手」,「気持ち」,「一緒」,「見る」という 4 語のネットワークで構成されており,相手の気持ちを重視していると解釈される。

　⑥「成長」,「教育」,「重要」,「たくさん」という 4 語のネットワークで構

成されており，遊びは成長や教育において重要と解釈される。

⑦「人間」，「関係」，「一つ」という3語のネットワークで構成されており，遊びは人間関係を重視していると解釈される。

⑧「時間」，「自由」，「行う」という3語のネットワークで構成されている。

⑨「生きる」，「必要」という2語のネットワークで構成されている。

⑩「様々」，「経験」という2語のネットワークで構成されている。

このように，友達と遊ぶことは楽しく，遊びからルールやコミュニケーションを学ぶことができると考えていることが明らかになった。

遊ぶことは重要であるが，社会の環境によって遊びの種類や遊びに対する感性も変化してくると考えられる。上村・細井・中村（2013）[6] は，「減少する戸外遊び場，遊び集団の少人数化などの理由により，ビデオゲームは現代の子どもの置かれている状況に非常にマッチした遊び道具である」と指摘している。

また，杉谷（2013）[7] は，ニューメディアの特徴が子どもの遊びの構造に与える影響について検討している。その結果，「ニューメディアを上手に使い，本来の使い方を越えた遊びを生み出している」と述べている。また，「道具としてのニューメディアに対するリテラシーを身につけるだけでなく，伝統的な遊びの中に興味を向ける可能性もある」と指摘している。

第13章　シリアスゲームの利用

13.1.　シリアスゲームの定義

　藤本（2007）[1] は，シリアスゲームに関して，「教育をはじめとする社会の諸領域の問題解決のために利用されるデジタルゲーム」と定義している。つまり，「通常のゲームと違い教育の意図があることと，学校教育，企業内研修，公共政策，軍事，政治，医療・福祉など諸領域の「問題解決」がゲームのベースになっているという点である」と指摘している。

　2000年代に入り，シリアスゲームの流れが起きたことで領域や対象の幅が広がってきた[2]。また，世界的に教育にビデオゲームを利用する研究が徐々に行われてきている。Association for the Advancement of Computing in Education（AACE：教育工学系の国際会議を運営している組織の1つ）でも，シリアスゲームを導入した実践など幅広い研究・実践報告が行われており非常に注目されている[3]。日本でも携帯型ゲーム機（任天堂 DS など）を教育現場に導入するといった実践研究や教育で利用できるゲームの開発も行われてきている。

13.2.　シリアスゲームとゲーミフィケーション

　学習意欲を高めるために，ゲームが持っている要素（興味をもたせる，人を引きつけるなど）を，ゲーム以外の領域に活用するというゲーミフィケーションの研究も盛んである[4]。

　松本（2014）[5] は，シリアスゲームとゲーミフィケーションとの相違点について検討している。つまり，現実的な問題の解決手段として「ゲーム」を使うのに対して，ゲーミフィケーションは「ゲーム」の要素を用いるという

点で大きく異なると述べている。

13.3.　シリアスゲームを教育に利用するメリット

シリアスゲームを教育に利用するメリットとして，藤本 (2007)[6] は次の5つの点を指摘している。

①ゲームを利用することで新奇性やインタラクティブ性などの要因が働き，モチベーションを喚起・維持できる。

②ゲームは，動的な動きの再現が行われるので，プレイヤーの意思決定や行動の結果が視覚的に表現される。

③ゲーム内の世界は現実に直接影響しないコントロールされた環境なので，安全な環境での学習体験が可能になる。

④現実世界では，構造が複雑になりすぎて適切な学習環境を提供しにくいことがある。しかし，ゲームでは重要な学習項目だけ強調し，残りの複雑な部分は単純化させることができる。

⑤ゲームでは繰り返し復習することが可能なので，失敗も心置きなくできる。

なお，シリアスゲームは，ソーシャルゲームに比べて開発費用がかかるなどの問題点があると指摘されている[5]。

また，藤本 (2015)[7] は，デジタルゲームを教育に利用する長所と短所について次のように検討している。

(1)　意欲面

意欲面の長所としては，「学習活動への意欲を高めやすい」，「上達の努力を続けやすい」を挙げている。短所としては，「従来型の学習への興味が下がりやすい」，「娯楽ゲームと比較して評価されやすい」を挙げている。

（2）効果面

効果面の長所としては，「複雑な概念の理解を促しやすい」,「振り返り学習を促しやすい」,「フィードバックを通した学習改善を起こしやすい」を挙げている。短所としては，「ゲームで勝つことを優先して学習が疎かにされやすい」を挙げている。

（3）効率面

効率面の長所としては，「重要な学習項目を強調した学習体験を提供できる」。一方，短所としては，「教師による統制が困難になりやすい」,「必要以上に学習時間がかかりやすい」を挙げている。

（4）環境面

環境面の長所としては，「試行や失敗から学ぶ環境をつくりやすい」,「安全な環境での学習体験を提供できる」,「現実の自己と切り離して活動できる」。短所としては，「利用可能な設備面の制約を受けやすい」を挙げている。

13.4. シリアスゲームの活用

教育にシリアスゲームを利用する研究や実践は，世界的に見ても徐々に増えてきている。日本でも携帯型ゲーム機（任天堂 DS など）を教育現場に導入するといった実践や教育向けゲームの開発も活発になってきている。例えば，ゲームを通じて脳を鍛えるソフトや，英語学習ソフトなどが発売されている[8]。

また，医療従事者向けの心電図分析や救急対応の知識を学べるソフトなど専門性の高い製品も提供されている。さらに，藤本（2010）[9] は任天堂のWii で提供される Wii Fit をはじめとする健康系ゲームも，実用的な効能を提供している点でシリアスゲームであると述べている。

Kondo et al.（2012）[10] は，大学生を対象に任天堂 DS を用いて英語学習ゲームの効果を検討した。その結果，モチベーションを高く維持し，自発的に授業外の学習を促進させた。しかし，ログデータの収集ができないなどの課

題もあると指摘している[3]。

　世界最大の人道支援機関である国連世界食糧計画（WFP：World Food Program）の活動に着想を得た「Food Force」というゲームがある。プレイヤーは，食糧を確保し，様々な緊急事態に対応，物資輸送のノウハウを高めながら世界中の飢餓地域に食糧を届けるというシリアスゲームである[11]。

　今枝（2010）[12]は，国際食糧支援の戦略に関して，疑似体験ゲーム「Food Force」を活用することで，学生の意欲を高め，専門知識を理解させることができたと報告している。

　また，和田（2014）[13]は，教員養成大学の学生を対象に，フェイスブック上の「Food Face」を利用した授業計画案を作成させた。その結果，授業計画案では，ゲームは食糧問題をグループ学習で行うための動機づけとして考えられていることを明らかにした。また，メリットとして学習の容易さ，デメリットとして課金などの課題があると指摘している。

　このようにシリアスゲームを通じて，学校・社会で必要とされる能力の向上を図ることができる可能性がある。

　ビデオゲームは，経営学の教育にも活用されている。例えば，野村・天野（2015）[14]は，コンシューマゲームを活用した経営学教育について，授業設計や評価方法を提案し，実践事例とともに教育上の効果および課題を報告している。学生のアンケート結果から，経営学の体系的な理解や学習モチベーションの向上は，おおむね達成できており，ゲームを用いた経営学教育の有効性が確認できたと述べている。

　また小林（2014）[15]は，商経学部において実践しているビデオゲームに関するトピックを活用した教育についての事例を紹介している。その結果，ビデオゲームは幅広い教育的要素と関連を持っており，学生に対して「学ぶきっかけ」を与えるのに適した題材であると言えると指摘している。

第14章　テキストマイニングを用いた
シリアスゲームの導入に対する賛否の分析

14.1.　研究の背景

　シリアスゲームを通じて，学校・社会で必要とされる能力の向上を図ることができる可能性がある。しかし，小孫（2012）[1] によると，ビデオゲームに対する不安は依然として根強いものがあると指摘している。そこで小孫（2016）[2] は，シリアスゲームを小学校および中学校に導入することに対する大学生の賛否の理由を分析し，問題点について検討している。

　本研究は，大学生277名を対象に，シリアスゲームという言葉を聞いたことがあるかどうかを問うた。また，シリアスゲームを「小学校の5〜6年生」および「中学生」に導入することに対する賛否を問うた。回答形式は，「賛成」，「どちらかというと賛成」，「反対」，「どちらかというと反対」の4件法であった。

　さらに，シリアスゲームを「小学校の5〜6年生」および「中学生」に導入することに対する賛否の理由を自由記述で求め，樋口（2014）[3] が開発したテキストマイニングソフト「KH Coder」で分析を行った。

14.2.　シリアスゲームに関する知識の有無

　シリアスゲームに関する知識の有無について問うた。その結果，シリアスゲームという言葉を知っていたと回答した者は41名（14.8%），知らなかったと回答した者は236名（85.2%）であった。大多数の者は知らないということが明らかになった。

14.3. シリアスゲームの導入に対する賛否

　図 14-1 は，シリアスゲームを「小学校の 5 〜 6 年生」に導入することに対する賛否を示す。

　シリアスゲームを「小学校の 5 〜 6 年生」に導入することに「賛成」は64名（23.1%），「どちらかというと賛成」は125名（45.1%），「反対」は19名（6.9%），「どちらかというと反対」は69名（24.9%）であった。

　図 14-2 は，シリアスゲームを「中学生」に導入することに対する賛否を示す。

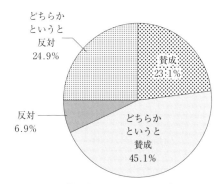

図 14-1　シリアスゲームを「小学校の 5 〜 6 年生」に導入することへの賛否

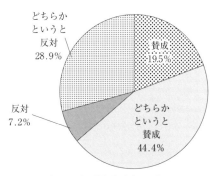

図 14-2　シリアスゲームを「中学生」に導入することへの賛否

104

　シリアスゲームを「中学生」に導入することに「賛成」は54名（19.5%），「どちらかというと賛成」は123名（44.4%），「反対」は20名（7.2%），「どちらかというと反対」は80名（28.9%）であった。

　今後，「賛成」と「どちらかというと賛成」を賛成する群，「反対」と「どちらかというと反対」を反対する群として分析する。

14.4.　導入に対する賛否の理由

14.4.1.　小学校への導入に賛成

　表 14-1 は，小学校へのシリアスゲームの導入に賛成する群において，出現回数の多い単語から順に出現回数7までの単語をリストアップしたものである。

　「ゲーム」が101回で一番多く，次いで「勉強」が77回，「思う」が55回となっている。

　図 14-3 は，小学校へのシリアスゲームの導入に賛成する群の各語の関係

表 14-1　小学校への導入に賛成する群の頻出語[2]

抽出語	出現回数	抽出語	出現回数
ゲーム	101	意欲	13
勉強	77	身	12
思う	55	小学生	11
楽しい	50	脳	11
興味	35	考える	10
楽しむ	32	関心	9
感覚	32	授業	9
学習	28	賛成	7
子ども	25	使う	7
学ぶ	17	導入	7
児童	15	遊び	7
持つ	15	良い	7
学べる	14		

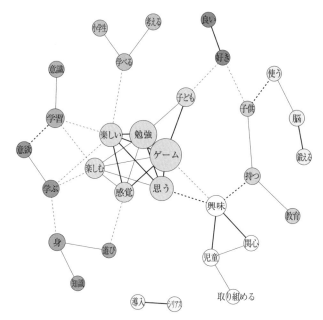

図 14-3　小学校への導入に賛成する群の共起ネットワーク[2]

を共起ネットワーク（サブグラフ検出）で示したものである。共起の程度が強い語を線で結ぶことで関連性を把握できる。また，共起関係が強いほど太い線で示している。さらに，大きい円ほど出現数が多いことを示している[3]。

　実線で結ばれた語は，①「ゲーム」，「勉強」，「楽しい」，「思う」，「楽しむ」，「感覚」，「子ども」の7語，②「興味」，「児童」，「関心」，「取り組める」の4語，③「小学生」，「考える」，「学べる」の3語，④「脳」，「鍛える」，「使う」の3語，⑤「子供」，「持つ」，「教育」の3語，⑥「身」，「知識」，「遊び」の3語，⑦「良い」，「好き」の2語，⑧「導入」，「シリアス」の2語，⑨「意欲」，「学ぶ」の2語，⑩「学習」，「意識」の2語であった。

　小学校への導入に賛成する理由としては，子どもがゲーム感覚でやることで楽しいと思い，勉強を楽しむことができる。興味・関心を持って取り組める。脳を鍛え，知識や遊びを身につけられるので賛成と解釈できる。

14.4.2. 小学校への導入に反対

表 14-2 は，小学校へのシリアスゲームの導入に反対する群において，出現回数の多い単語から順に出現回数 7 までの単語をリストアップしたものである。

「ゲーム」が56回で一番多く，次いで「勉強」が19回，「思う」および「書く」が14回となっている。

図 14-4は，小学校へのシリアスゲームの導入に反対する群の各語の関係を共起ネットワーク（サブグラフ検出）で示したものである。

実線で結ばれた語は，①「ノート」，「鉛筆」，「書く」，「必要」，「習慣」，「身」，「持つ」，「小学校」の 8 語，②「シリアスゲーム」，「授業」，「教育」，「遊び」，「区別」の 5 語，③「画面」，「目」，「悪い」，「考える」の 4 語，④「小学生」，「勉強」，「学習」，「楽しい」の 4 語，⑤「実際」，「思う」の 2 語であった。

小学校への導入に反対する理由としては，ノートに鉛筆を持って書く習慣を身につける必要がある。授業では，教育と遊びを区別する必要がある。画面を見続けるので目に悪いと不安を抱いているので反対と解釈できる。

表 14-2　小学校への導入に反対する群の頻出語[2]

抽出語	出現回数
ゲーム	56
勉強	19
思う	14
書く	14
学習	12
鉛筆	9
可能	8
小学生	8
使う	7

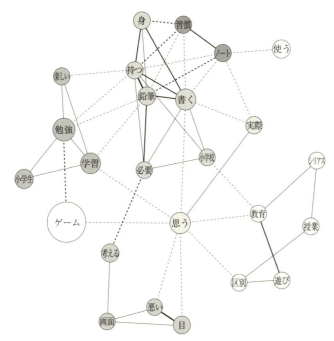

図 14-4　小学校への導入に反対する群の共起ネットワーク[2]

14.4.3.　中学校への導入に賛成

　表 14-3 は，中学校へのシリアスゲームの導入に賛成する群において，出現回数の多い単語から順に出現回数 7 までの単語をリストアップしたものである。「勉強」が 69 回で一番多く，次いで「ゲーム」が 62 回，「思う」が 60 回となっている。

　図 14-5 は，中学校へのシリアスゲームの導入に賛成する群の各語の関係を共起ネットワーク（サブグラフ検出）で示したものである。

　実線で結ばれた語は，①「生徒」，「部活」，「忙しい」，「時間」，「嫌い」，「子」，「知識」，「自分」，「定着」，「違う」，「身」，「使える」，「シリアスゲーム」，「集中」，「増える」の 15 語，②「学習」，「楽しい」，「学べる」，「内容」，「難しい」，「導入」，「考える」，「授業」の 8 語，③「ゲーム」，「感覚」，「勉

表 14-3　中学校への導入に賛成する群の頻出語[2]

抽出語	出現回数	抽出語	出現回数
勉強	69	良い	10
ゲーム	62	導入	9
思う	60	シリアス	8
学習	34	学べる	8
楽しい	17	楽しむ	8
学ぶ	14	興味	8
考える	14	子	8
知識	14	時間	8
中学生	14	忙しい	8
覚える	13	賛成	7
授業	13	自分	7
集中	13	取り組む	7
生徒	13	少し	7
感覚	12	上がる	7
難しい	11	増える	7
意欲	10	内容	7
英語	10		

強」,「英語」,「学ぶ」,「中学生」,「頭」,「思う」の8語, ④「意欲」,「向上」,「学力」,「上がる」,「取り組む」の5語, ⑤「楽しむ」,「覚える」,「効率」,「良い」の4語, ⑥「少し」,「賛成」の2語であった。

　中学校への導入に賛成する理由としては, 部活で忙しく時間がない生徒や勉強が嫌いな子でも, 自分でシリアスゲームを使うことで集中して知識を身につけ定着できる。ゲームを導入することで難しい学習や授業内容を楽しく学ぶことができる。特に, 英語の勉強をゲーム感覚で学び, 意欲や学力の向上が期待できるので賛成と解釈できる。

14.4.4.　中学校への導入に反対

　表14-4は, 中学校へのシリアスゲームの導入に反対する群において, 出

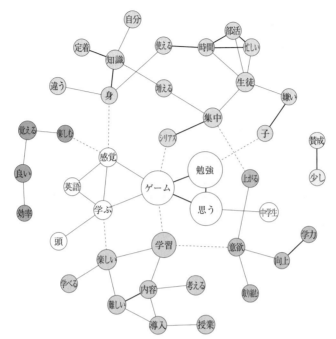

図 14-5　中学校への導入に賛成する群の共起ネットワーク[2]

現回数の多い単語から順に出現回数 7 までの単語をリストアップしたもので
ある。

　「ゲーム」が60回で一番多く，次いで「勉強」が27回，「思う」が21回とな
っている。

　図 14-6 は，中学校へのシリアスゲームの導入に反対する群の各語の関係
を共起ネットワーク（サブグラフ検出）で示したものである。

　実線で結ばれた語は，①「遊び」，「感覚」，「集中」，「自分」，「考える」，
「力」，「必要」，「良い」，「頼る」の 9 語，②「学校」，「使う」，「機会」，「生
徒」，「教師」，「コミュニケーション」，「低下」の 7 語，③「中学校」，「書
く」，「学習」，「増える」，「学ぶ」，「楽しい」の 6 語，④「シリアス」，「ゲー
ム」，「中学生」，「勉強」，「思う」の 5 語，⑤「目」，「依存」，「可能」の 3 語，

110

表 14-4　中学校への導入に反対する群の頻出語[2]

抽出語	出現回数
ゲーム	60
勉強	27
思う	21
学習	12
学ぶ	10
中学校	8
中学生	8
シリアス	7
楽しい	7
考える	7
書く	7

⑥「他」,「悪い」,「持つ」3語であった。

　中学校への導入に反対する理由としては，遊び感覚に頼るので，自分で考える力が必要である。生徒と教師とのコミュニケーションが低下するのではないかという不安を抱いている。書いて学習することが重要であるので反対していると考えられる。

　このように，小・中学校とも共通して賛成する理由としては，シリアスゲームを導入することで，興味・関心を持たせることができるということが明らかになった。また，中学生では英語の学習に期待していることが分かる。

　小・中学校とも共通して反対する理由としては，シリアスゲームを導入することで，遊び感覚になり書くことが疎かになるのではないかという不安や，目に悪いという懸念があることが明らかになった。今後，シリアスゲームが学校に導入される可能性があるので，学習者や指導者の心理的影響を考慮した指導法の確立が急務である。

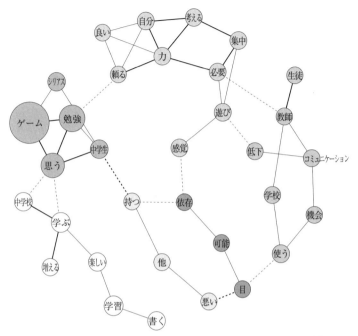

図 14-6　中学校への導入に反対する群の共起ネットワーク[2]

第15章　ビデオゲームが心身に与える影響

15.1.　ビデオゲームが視覚に与える影響

　第11章の11.4.「ビデオゲームが子どもに及ぼす影響」のところで述べたように，ビデオゲームが子どもに及ぼす影響として，「視力低下」（169名，30.7％）を挙げる者が最も多かったのである。このように，ビデオゲームを行うと視力が低下すると思いこまれているようである。

　神谷・赤阪・松田（2005）[1] は，ビデオゲーム機で遊ぶとフリッカー周波数（CFF）が低下し，視覚情報処理能力の減少が確認された。また，ビデオゲーム機の違いにより被験者の視覚情報処理能力の減少傾向に差異のあることが確認されたと報告している。

　三澤・重田・野島（1991）[2] は，児童の目に及ぼすビデオゲームの影響について検討した。その結果，頻繁でかつ速い眼球運動を必要とするビデオゲームによる負担度は文書処理のVDT作業より大きいことが示唆された。このことから，ビデオゲーム機の使用による健康障害を防止するためには，1日の使用時間の限度を60分以内にする必要があると指摘している。

　一方，Li et al.（2009）[3] は，ビデオゲームを行わない人が集中的にアクションゲームを行うと，対比感度（均一の背景に対する灰色の影のごくわずかな変化に気がつく能力）が改善されたと報告している。また，アクションゲーム以外のゲームを行った人には改善はないと指摘している。

　また，林・池村・山口（2014）[4] は，ビデオゲームを行うと視力が改善するかどうかを明らかにするために実験を行った。その結果，自転車エルゴメータの運動を行った後のシューティング型ゲームは，一過性に視力を増加させる可能性が示唆された。ただし，視力の増加は片目の静止視力と一部の対

比感度に限られると述べている。

　中村ら（2012）[5] は，小学生を対象として，ゲームの使用状況とゲームに対する意識，および精神・身体症状や家族・友情との関連について検討した。その結果，ゲーム時間が長い者は，ゲームに対して消極的な印象をもつ者の割合が少ない。また，ゲーム時間が長い者は，生活習慣の乱れや精神・身体症状を持つ者や行動が消極的な者が多いと報告している。

　さらに，中村ら（2012）[6] は，中学生を対象として，ゲームやテレビの使用状況と精神・身体症状，保護者の把握状況との関連について検討している。その結果，ゲームやテレビの使用時間と生活習慣や精神・身体症状との間に関連性が見られたと述べている。

15.2.　3次元ビデオゲームが心身に与える影響

　近年，3次元ビデオゲームが発売されるなど，3次元映像は社会に受け入れられつつある。3次元ビデオゲームは，2次元ビデオゲームよりも臨場感が高まる。その結果，長時間プレイするためにストレスが生じ，心身に影響を与える可能性が十分にあると考えられる。

　近年，立体映像を見るためのメガネを使用しない携帯型ビデオゲーム機が販売された。子どもが飛び出したり，飛び込んだりする映像を見続けることで，普段の生活では体験しにくい映像に対応できなくなり，ストレスが増加すのではないかと懸念を抱く保護者や教師は多いと考えられる。

　しかし，3次元ビデオゲームが人に与えるストレスの影響を客観的測定法で報告した研究はまだ少ない。

　西村・岩田・村田（2010）[7] は，3Dゲームの方が2Dゲームよりも，軽度ではあるが視覚系神経影響を引き起こす可能性があると指摘している。

第16章　障害者および高齢者のビデオゲーム活用

16.1.　障害者のビデオゲーム活用

　特別支援を必要としている児童生徒は，その障害の状態等により情報の収集，処理，表現及び発信などに困難を伴うことが多い[1]。特に，個々の実態に応じた情報活用能力の習得が求められているので，障害の種類や程度に対応した情報機器は重要となる。しかし，現在のコンピュータをはじめとする情報機器は，障害児にとって利用しやすい仕様になっていない。したがって，障害による操作上の困難や障壁を，機器を工夫することによって支援するというアシスティブ・テクノロジー（Assistive Technology：支援技術）の考え方に基づいた ICT の活用が非常に重要になる[2]。

　ところで，ゲーム専用機のコントローラは，一般に多数のスイッチがあり，重度の障害児には使用困難である。そこで，伊藤ら (2015)[3] は，1つのスイッチのみ操作できるコントローラを試作した。意思伝達装置などで利用されるスキャン方式により，1つの外部スイッチ入力によって，プレイできるようにしたものである。これにより，重度の障害者でも市販のゲームが楽しめるようになったと報告している。

　ビデオゲームは視覚および聴覚を用いて楽しむことができるが，視覚障害者は主に聴覚を用いたゲームを開発する必要がある。熊澤・小野 (2007)[4] は，市販のビデオゲームである「SoundCatcher」を視覚障害者にプレイしてもらい，どのような条件が情報補償（画面に頼らなくても続けることの出来る要因）となっているかについて調査を行った。なお，「Sound-Catcher」とは，自分を示すキャラクターをキー操作で左右に動かし，上方から降ってくる物体を拾うゲームである。このゲームでは，キャラクターと

物体との距離によって音量が変化するのである。その結果，「音源」の移動が視覚障害者にとって情報補償であることを明らかにした。このように，情報補償の条件を明確にすることができれば，視覚障害者が楽しむことのできるビデオゲームも増加し，楽しむことが可能になると述べている。

　鈴木・荒木 (2014)[5] は，力覚デバイス (haptic device) を用いて，視覚障害児が3次元的な仮想現実の中で，動きのある対象物を体感して遊ぶことができるゲームの開発を試みている。

　次に，ゲーム性を取り入れた筋ジストロフィー症の教育について紹介する。

　筋ジストロフィー症は，筋肉が萎縮する病気で多くはデュシャンヌ型であり，3歳ごろから転倒など筋力低下を示す。10歳ごろで歩行不能となり，その後，呼吸不全を起こしやすくなる。したがって，筋ジストロフィー症児にとっては肺機能訓練も重要である。ただ単に「アー」と，発声するだけではすぐに飽きてしまう。そこで小孫・前迫・清水 (1984)[6] は，発声するとおもちゃの消防士がはしごを登って行き，はしごの上部に取り付けてある風船を割るといったゲーム性を取り入れた機器の開発を行った。その結果，ゲーム性を取り入れることで，発声持続時間が長くなる傾向が認められた。

　また，筋ジストロフィー症児は肢体機能障害のため，生徒自ら手を動かして実験を行うことが困難であることが多い。従来，このような場合は教師が演示実験を行い，ビデオなどの視聴覚教材の活用で代替してきた。しかし，可能な限り生徒に実験を行わせることが重要であると考えられる。従って生徒の実態に応じて器具や方法に工夫を加える必要がある。

　小孫 (1985)[7] は，パソコンを用いて発声するとおもちゃの消防士がはしごを登って行き，スイッチを押すと消防士に取り付けてある鉄球を落下させ，重力加速度の値を求める装置を製作した。この装置を利用することで仕事及びエネルギー変換の概念を理解させることができたと報告している。

16.2. 高齢者のビデオゲーム活用

　バランス Wii ボード（任天堂）などの入力機器を用いて，身体運動にビデオゲームを使用する試みはエクサゲームと呼ばれている。エクサゲームは，身体運動を行うので健康増進やリハビリテーションなどに利用されている。

　財津ら（2014）[8] は，起立－着席運動を行うことを支援することを目的に，「樹立の森リハビリウム」というシリアスゲームを開発した。その結果，身体的負荷を損なうことなく運動を実施することができ，抑うつ気分の改善につながる可能性があることを明らかにした。

　また，「樹立の森リハビリウム」は，一人で運動を行った場合と比較して，シリアスゲームを使用して行った場合に連続起立回数が多くなったと報告している[9]。

　遠藤・大須賀（2015）[10] は，高齢者の上肢の運動の促進を目的に，立体視によって目の前に浮かんで見えるボールを手で叩いて，画面奥の箱に向けて飛ばすゲームを開発した。このゲームでは，Kinect が用いられ，手の 3 次元の位置を計測して，ボールとの接触を判定している。

　このように，ゲーム性を取り入れ，生活の質を向上させようとする研究が行われている。

　飲食物の咀嚼や飲み込みが困難になる嚥下障害があると，生活の質（Quality of life）の低下につながる。嚥下機能の低下を防ぐためには，大きな声を出して，食べ物を外に出す力を強化することが重要となる。井上・大須賀（2014）[11] は，高齢者が声を出すことを促す音声入力ゲームを開発した。例えば，モグラたたきは，モグラが出てきた穴の番号を発声してモグラを退治するゲームである。

　近年，高齢者の認知機能を向上させる方法の一つである認知トレーニング研究が注目されている。野内・川島（2014）[12] は，脳トレーニングゲームは高齢者の認知機能の維持・向上に効果的なツールの一つであると主張してい

る。また，脳トレーニングゲームの今後の検討課題に関して，次の3点を指摘している。① DS 脳トレは，認知症，統合失調症，発達障害の方の認知機能を向上させることができるのか。② DS 脳トレによる認知機能の向上は，どのくらいの期間持続するのか。③ DS 脳トレは，日常生活に関連する行動を改善することができるのかという点である。

　このように，今後は障害者および高齢者を対象としたビデオゲームの研究が盛んになり，ゲーム性を取り入れたリハビリテーション等のソフトが増加すると思われる。

118

第17章　ゲーム・リテラシー教育の指導

17.1.　研究の背景

　子どもを魅了してやまないビデオゲームは，コンピュータの進歩とともに
ますます盛んになると思われる。したがって，今後のゲーム・リテラシー教
育は非常に重要となる。ゲーム・リテラシー教育を指導するのは，主に教師
であるので，将来，教師を目指している大学生に，ゲーム・リテラシー教育
の意義や教育方法を指導する必要がある。しかし，大学生がゲームの使用に
関して，どのように子ども達に指導しようとしているのかの現状認識に関す
る研究は，ほとんど行われていない。そこで，ゲーム指導に関する内容で課
題を与え，学生が考えている意識を分析することを試みた。課題は，次の通
りである。

　多くの家庭では，「ビデオゲームは1日1時間」などのルールを課してい
るが，守られていないことが多いと思われる。ビデオゲームの使用に関して，
どのように子どもたちを指導するのか。小学校の高学年を担当する教師にな
ったと想定して，ゲーム指導に関する意見を自由記述で求めた。

　対象者は，将来，初等教育の教員を目指している大学生74名であった。分
析は，樋口（2014）[1]が開発したテキストマイニングソフト「KH Coder」で
行った。

17.2.　抽出語の出現回数

　表17-1は，出現回数の多い単語から順に出現回数20までの単語をリスト
アップしたものである。

　「ゲーム」が335回で一番多く，次いで「時間」が173回，「考える」が148

表 17-1　頻出語

抽出語	出現回数	抽出語	出現回数
ゲーム	335	言う	30
時間	173	大切	30
考える	148	必要	30
ルール	130	行う	29
子ども	128	悪い	28
思う	115	子供	28
テレビゲーム	96	親	28
指導	91	伝える	27
守る	84	遊ぶ	27
児童	56	子	26
自分	53	持つ	25
勉強	46	自身	25
教師	44	宿題	25
使用	41	問題	24
家庭	37	決める	22
守れる	37	理解	22
楽しい	34	視力	21
生活	32	約束	21
長時間	31	遊び	21
学校	30	終わる	20
		目	20

回，「ルール」が130回であった。

17.3.　共起ネットワーク

　図 17-1 は，各語の関係を共起ネットワーク（サブグラフ検出）で示したものである。共起の程度が強い語を線で結ぶことで関連性を把握できる。また，共起関係が強いほど太い線で示している。さらに，大きい円ほど出現数が多いことを示している。

　実線で結ばれた語は，①「ゲーム」，「思う」，「子ども」，「考える」，「テレビゲーム」，「時間」，「指導」，「ロール」，「守る」の9語，②「外」，「遊び」，

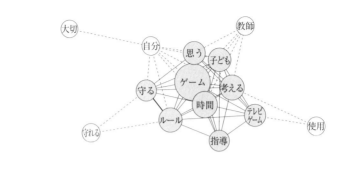

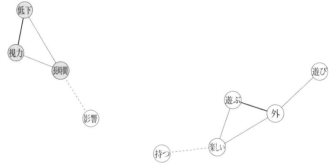

図 17-1　ビデオゲームの指導に関する共起ネットワーク

「遊ぶ」，「楽しい」の4語，③「視力」，「低下」，「長時間」の3語であった。

　ビデオゲームの指導に関しては，子どもに対して時間のルールを守るように指導する。また，外で遊ぶことは楽しいということや，長時間のプレイは視力が低下するということを指導する必要があると解釈できる。

17.4.　クラスター分析

　クラスター分析では，抽出言語が5つのクラスターに分類された（図17-2）。抽出語のまとまりから，クラスター1を「ビデオゲーム指導法の考慮」，クラスター2を「ビデオゲームのプレイに伴うルールの確立」，クラスター3を「勉強・宿題後のプレイの実施」，クラスター4を「長時間のプ

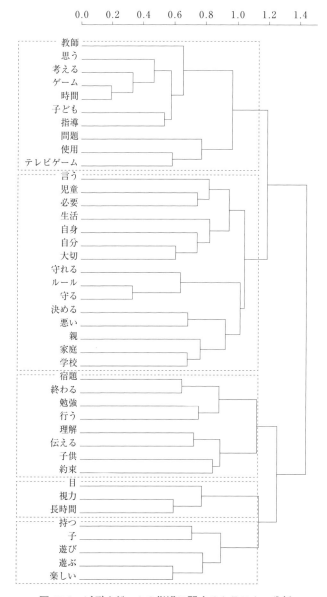

図 17-2　ビデオゲームの指導に関するクラスター分析

レイに伴う視力に関する課題」，クラスター5を「外での遊びの重要性」と解釈した。

ビデオゲームの指導に関する共起ネットワーク分析やクラスター分析の結果より，ビデオゲームの具体的な指導法，ビデオゲームが視力などの心身に与える影響，ビデオゲームが子供の遊びなどの社会性に与える影響，ビデオゲームをプレイする際の時間などのルールの確立を指導する必要があると考えていることが明らかになった。

Takeuchi et al.（2016）[2]は，長時間のビデオゲームのプレイが，脳の前頭前皮質，海馬といった高次認知機能や記憶などに影響に関連していることを明らかにした。

また，発達期の小児の長時間のビデオゲームプレイには一層の注意が必要であることが示唆されたと指摘している[3]。

一方，藤本（2016）[4]は，被験者がどんなゲームをどのようにプレイしたのかまでは明らかになっていない。また，ゲームを長時間で遊ぶ子どもに共通する家庭環境や生活習慣など，他の主要因が，「ビデオゲームのプレイ時間」の影響として現れている可能性は否定できないと指摘している。

したがって，今後の教員養成系の学部では，ビデオゲームが子どもに与える影響などの内容も取り入れたゲーム・リテラシー教育のプログラムを開発する必要がある。

第18章　ゲーム・リテラシー教育プログラムの開発

18.1.　ゲーム・リテラシー教育の実践例

　第9章の9.6.「情報リテラシー」のところでも述べたように，現在，教育の情報化が求められている。しかし，実際の学校現場では，全ての教員がICTを用いた授業を活発に行っているとは言い難い。

　ビデオゲーム機も3D化が進められている。3Dビデオゲームは，視機能と自律神経機能に関連した疲労や血圧，心拍数の乱れによるストレスが起ると考えられる[1]。そこで，ゲーム・リテラシー教育を指導する教員は，どのようなゲームの場面でストレスが生じるのかを理解しておく必要がある。

　このように，今後の教員養成系の学部では，メディア・リテラシー，ゲーム・リテラシーおよびICTの利活用等の教育を大いに進め，教育の情報化に対応できる教員を養成する必要がある。

　しかし，ビデオゲームの内容を熟知している教員ばかりではないのが現状である。この点に関して坂元（2004）[2]は，ゲーム・リテラシーを授業のカリキュラムに取り組み，指導するのは困難であり負担が大きい。したがって，本格的なゲームのリテラシー教育を実施することは困難であると指摘している。

　藤川（2008）[3]は，「ビデオゲームの長時間の利用や暴力表現等から子どもを守るという観点より，ビデオゲームを持たせない，やりすぎないという方向でしか考えられてこなかった」と述べている。したがって，ビデオゲームはメディア・リテラシーの対象として扱われることはほとんどなかったと指摘している。

　そこで，藤川（2006）[4]はビデオゲームに関わるリテラシー教育に関する

124

教材を開発し，授業実践を継続的に実施したのである。例えば次のような授業を，小学校6年生を対象に行った。

①ビデオゲーム産業について学ぶ

　ゲーム機の変遷や産業規模について確認する。

②ゲームに夢中になる理由を考える

　KJ法を使って，「ゲームに夢中になる理由」を整理し，発表する。

③ゲーム制作者からのメッセージを聴く

　ゲーム・クリエーターなどから，メッセージを聴いて，職業としてのゲーム・クリエーターのあり方を理解させたり，日常のゲームとのつきあい方を考えさせたりする。

　一方，ゲームソフトメーカーのカプコンは，「ゲームとの上手な付き合い方」を提案する「ゲームリテラシー教育」を実施している[5]。

　対象者は小学生・中学生で，授業時間は約90分間である。授業の流れとしては，日々のゲームとの関わり，ゲームというエンターテインメントの特徴，ゲームと上手に付き合うために，年齢別レーティング制度とは，質疑応答などである。

　和田ら（2013）[6]は，ユネスコが2011年に『教師のためのメディア情報リテラシー教育カリキュラム（Media and Information Literacy Curriculum for Teachers)』として発行した冊子の日本語版の簡略版について，検討を行っている。ゲームに関しては，ユニット3において，「教室におけるデジタルゲームを含む，双方向のマルチメディアを使う（3時間)」の項目がある。

　藤川・阿部・城（2014）[7]は，教員養成学部の「メディア・リテラシー教育演習」の授業において，アプリ教材づくりの授業を実施し，授業の意義を考察している。授業の主な内容としては，教育アプリ業界の動向，シリアスゲーム・教育アプリ調査，学校現場における情報化の実態，ゲーム・アプリ制作の基礎，アイデアソン（アイデアを出すワークショップ型の活動)，教育ゲームにおけるデザインの必要性，ハッカソン（集中してアプリのプロトタイプ

を制作する活動）などであった．授業を実施した結果，「メディア・リテラシー教育演習」の授業は，教員養成教育において，少なくとも選択科目として必要であることが確認されたと述べている．

　長瀧（2013）[8] は，一般情報教育において，ビデオゲームを積極的に授業の教材として用いる教育方法を提案し，実践した．講義は，15回で構成されている（2単位）．第1回は導入講義として，コンピュータやゲームの歴史について，第2回から第10回は，情報科学の様々な基礎概念について具体例を交えて紹介していく講義である．第11回以降は，情報モラルや情報活用，新旧の研究事例紹介も含めた，より幅広い学問的話題を扱うテーマであった．その結果，ビデオゲームから情報科学を概観する教育方法が，情報教育において有用であることが示唆されたと報告している．

18.2.　ゲーム・リテラシー教育プログラムの開発

18.2.1.　予備的検討

(1)　対象者および目的

　本授業の目的は，ゲーム・リテラシーに関する教育を実践できる能力を養うための「ゲーム・リテラシー教育プログラム」を開発するために予備的検討を行うことである．大学院生を対象に，ゲーム・リテラシー教育に関する授業を実施した．

(2)　授業計画・授業内容

　　第1回　「遊戯としてのビデオゲーム」

　　　　・遊戯とは

　　　　　ホイジンガ，カイヨワなどの遊戯論について理解する．

　　　　・遊戯としてのビデオゲーム

　　　　　なぜ，子ども達はビデオゲームに熱中したのか，資料に基づいて討論する．

・ビデオゲームの歴史

ビデオゲームの歴史を通して，他者とのコミュニケーションについて考える。また，ゲームセンターにおけるコミュニケーションについて討論する。

第2回 「ビデオゲームプレイヤーの心理学」

・なぜビデオゲームは面白いと思い遊ぶのか

フロー理論等を通じてなぜビデオゲームに熱中するのかを考える。

・ゲーム脳とは何か

ゲーム脳に関する論文を通して，なぜ多くの人がゲーム脳を支持したのかについて検討する。

・ゲームプレイヤーの心理学とは

スーパーマリオ等をプレイした際のゲームプレイヤーの心理状況やボタン操作行動について理解する。

第3回 「ゲーム・リテラシー教育とは何か」

・メディア・リテラシーとは何か

メディア・リテラシー教育の意義および必要性について検討する。また，メディア・リテラシーに関する教育の問題点を明らかにし，今後のメディア・リテラシー教育の在り方について検討する。

・ゲーム・リテラシー教育とは何か

ゲーム・リテラシー教育の意義および必要性について検討する。また，ゲーム・リテラシーに関する教育の現状および問題点を明らかにし，今後のゲーム・リテラシー教育の在り方について検討する。

・シリアスゲームとは何か

シリアスゲームの教育的意義と可能性について検討する。また，

教育におけるシリアスゲームの活用の現状および今後のシリア
スゲームの在り方について検討する。

(3) 検討

　授業を通して小学生の頃，時間も忘れ，テレビの前でコントローラーを握
りしめるほど，熱中した理由が理解できたなどの意見があった。また，ビデ
オゲームの歴史や初期のゲームを知ることで，ゲームの変遷を知り，未来の
ゲーム制作に興味を持つことができた。このように，ゲーム・リテラシー教
育の必要性を確認できた。また，ビデオゲームが心身に与える影響やシリア
スゲームの活用の現状および今後のシリアスゲームの在り方についても十分
に指導する必要があると考えられる。

18.2.2.　ゲーム・リテラシー教育プログラムの開発

(1) 対象者および目的

　教員を養成する大学生を対象に，ゲーム・リテラシー教育を実践できる能
力を養うために，ゲーム・リテラシー教育プログラムの試案を作成する。

(2) 作成方針

作成方針は次のとおりである。

①遊戯としてのビデオゲーム（第11章・第12章参照）について検討する。

②スクラッチ（Scratch）プログラミングでゲームを作成する。

③ビデオゲームの研究方法（第1章・第2章参照），ゲームプレイヤーの心
　理状態（第3章・第4章・第5章・第6章参照），および操作活動（第7章・
　第8章参照）の実態について検討を進める。

④ビデオゲームが心身に与える影響（第15章参照）やレーティングについ
　て理解を図る。

⑤シリアスゲーム（第13章・第14章・第16章参照）およびメディア・リテラ

シー（第9章参照）について理解を深める。

⑥ゲーム・リテラシーおよびゲーム・リテラシー教育（第10章・第17章・第18章参照）について検討を進める。

(3) 授業計画・授業内容

第1回 「遊戯とは何か」

・遊戯論に関する文献に基づいて検討する。

・遊戯の歴史に関する文献に基づいて検討する。

・子どもと遊戯に関する文献に基づいて討論する。

第2回 「遊戯としてのビデオゲーム」

・ビデオゲームとは何かについて討論する。

・ビデオゲーム史に関する文献に基づいて検討する。

・ファミコンが子どもに与えた影響について検討する。

第3・4回 「スクラッチ（Scratch）プログラミングによるゲーム作成」

・Scratch プログラミングを理解する。

・簡単なゲームを作成する。

・オリジナルゲームを作成する。

第5回 「ビデオゲームの研究方法」

・ビデオゲームの研究方法について理解する。

・ビデオゲームに関する心理学的研究について理解する。

・フロー理論に関する文献に基づいて検討する。

第6回 「ビデオゲームプレイヤーの心理学」

・生体信号を用いたプレイの評価について検討する。

・脈波信号に関する文献に基づいて検討する。

・カオス解析に関する文献に基づいて検討する。

第7回 「ビデオゲームプレイヤーのプレイ状況」

・Grand Theft Auto のプレイ状況に関する文献に基づいて検討

する。
・スーパーマリオのプレイ状況に関する文献に基づいて検討する。
・未習熟者群および習熟者群のボタン操作行動に関する文献に基づいて検討する。
第8回　「ビデオゲームが心身に与える影響とビデオゲームの活用」
・ビデオゲームが視覚に与える影響について検討する。
・3次元ビデオゲームが心身に与える影響について検討する。
・障害者・高齢者のビデオゲーム活用について検討する。
第9回　「ビデオゲームのレーティングに関する事例研究」
・ビデオゲームのレーティングとは何かについて理解する。
・年齢別レーティング制度とは何かについて理解する。
・ゲームが青少年に与える影響について検討する。
第10回　「シリアスゲーム」
・シリアスゲームの教育的意義と可能性について検討する。
・教育におけるシリアスゲームの活用の現状について検討する。
・今後のシリアスゲームの在り方について検討する。
第11回　「メディア・リテラシー」
・メディア・リテラシー教育の意義および必要性について討論する。
・メディア・リテラシーに関する教育の問題点を明らかにする。
・今後のメディア・リテラシー教育の在り方について検討する。
第12回　「ゲーム・リテラシー」
・ゲーム・リテラシーとは何かについて理解する。
・ゲームが社会に与える影響について検討する。
・ゲーム脳に関する文献に基づいて検討する。
第13回　「ゲーム・リテラシー教育の事例研究」
・ゲーム・リテラシー教育の意義および必要性について検討する。

・ゲーム・リテラシーに関する教育の現状および問題点を明らか
にする。

・今後のゲーム・リテラシー教育の在り方について検討する。

第14回　「ゲーム・リテラシー教育のための教材研究」

・教材開発の手順について理解する。

・教材の分析について理解する。

・教材開発の留意点について検討する。

第15回　「ゲーム・リテラシー教育のための指導案作成」

・指導案の作成および留意点について検討する。

・模擬授業を行う。

・評価および今後の課題について検討する。

18.3.　今後の課題

　2015年（平成27年）6月に改訂された「世界最先端 IT 国家創造宣言」（平成27年6月30日閣議決定）では，「初等・中等教育段階におけるプログラミングに関する教育の充実に努め，IT に対する興味を育むとともに，IT を活用して多様化する課題に創造的に取り組む力を育成することが重要であり，このための取組を強化する」とされている[9]。

　総務省では，「発達段階に応じたプログラミングに関する教育を通じて，将来の高度 ICT 人材としての素地の構築・資質の発掘を図るために，プログラミング人材の育成に取り組むこと」が必要であるとしている[10]。

　また，文部科学省では，初等中等教育段階におけるプログラミング教育を推進するため，教員向けの指導に役立つプログラミング教育実践ガイドを作成している。そのガイド集の中で，「プログラム製作を通して，私たちが普段目にするゲームやディジタル機器1つ1つは数々のプログラムがあってできているのだと実感できたと思う。」など感想が掲載されている[11]。

　このように，ゲームは，プログラミングの基礎を学ぶことができ，ゲーム

を通して表現する技術を学習することができると考えられる[12]。

　また，ゲームとどう付き合っていくのかを考えさせるためにも，ゲーム・リテラシー教育は重要となる。

　一方，アメリカでは，科学（Science），技術（Technology），工学（Engineering），数学（Mathematics）の頭文字をとった STEM 教育が実施され，科学技術に関するリテラシーの育成が重視されている[13]。特に，STEM 教育の振興政策において，学校教育で利活用できるデジタルゲームの開発に関する助成も行われてきている[14]。

文　　献

まえがき
［1］　北野圭介，『映像論序説』，p. 112，人文書院，2009.

第1章
［1］　岩谷徹，「ゲーム制作とは何か，教育者の立場から」『映像情報メディア学会誌』，Vol. 67，No. 1，pp. 9-11，2013.

［2］　ケイティ・サレン，エリック・ジマーマン，山本貴光（訳），『ルールズ・オブ・プレイ　ゲームデザインの基礎　上』，pp. 139-169，ソフトバンククリエイティブ，2011.

［3］　上村雅之，尾鼻崇，「テレビゲームとはなにか―「ゲームプレイ」の記録と分析を通じて―」『CESA デベロッパーズカンファレンス2010』，2010.

［4］　安川一，「ビデオゲーム経験の構造―インタラクションという現実構成―」『現代のエスプリ 312 情報化と大衆文化―ビデオゲームとカラオケ―』，pp. 25-43，至文堂，1993.

［5］　平林久和，赤尾晃一，『ゲームの大學』，p. 147，メディアファクトリー，1996.

［6］　山本強，「マルチメデイア時代のゲーム機の現状と動向」『映像情報メディア学会誌』，Vol. 51，No. 3，pp. 288-293，1997.

［7］　中島信貴，「ビデオゲームの進化と開発側の課題」『映像情報メディア学会誌』，Vol. 67，No. 1，pp. 5-8，2013.

［8］　馬場章，「「ゲーム研究とは何か？」ゲーム研究者馬場章教授インタビュー」，東京大学新聞 Online，2014.
　　　http://www.todaishimbun.org/game/（2016.6.19取得）

［9］　吉田寛，「なぜいまビデオゲーム研究なのか：グローバリゼーションと感覚変容の観点から」『立命館言語文化研究』，Vol. 24，No. 2，pp. 93-98，2013.

［10］　和田正人，「ビデオゲームのメディア・リテラシー学習：教材作成によるメディアリテラシー分析能力の効果」『東京学芸大学紀要，総合教育科学系Ⅱ』，Vol. 61，No. 2，pp. 175-196，2010.

［11］　上村雅之，尾鼻崇，「「遊び」としてのビデオゲーム研究―ゲームプレイの可視化と保存―」『情報処理学会：人文科学とコンピュータシンポジウム論文集』，

Vol. 2009，No. 16，pp. 101-106，2009.

［12］　尾鼻崇，上村雅之，「遊びとしてのビデオゲーム研究：「ゲームプレイ」のビジュアライゼーションとアーカイビング」，稲葉光行（編），『デジタル・ヒューマニティーズ研究と Web 技術』，pp. 68-87，ナカニシヤ出版，2012.

第 2 章

［1］　松原仁，「エンタテインメントコンピューティングの過去・現在・未来」『知能と情報：日本知能情報ファジィ学会誌』，Vol. 17，No. 2，pp. 146-149，2005.

［2］　井堀宣子，「テレビゲームと認知能力」，坂元章（編著），『メディアと人間の発達』，pp. 80-94，学文社，2003.

［3］　荷方邦夫，「テレビゲーム」，坂元昂（監修），『メディア心理学入門』，pp. 127-139，学文社，2002.

［4］　大野健彦，小笠原秀美，「リアルタイムゲームにおける習熟と情報取得の関係」『日本認知科学会第15回大会論文集』，第15巻，pp. 262-263，1998.

［5］　小孫康平，「ビデオゲームプレイヤーの操作行動が脈波のカオス解析による心理状態と主観的感情に及ぼす影響」『デジタルゲーム学研究』，Vol. 4，No. 2，pp. 1-12，2010.

［6］　小孫康平，「ビデオゲームプレイヤーの心理状態とコントローラのボタン操作行動の分析」『デジタルゲーム学研究』，Vol. 5，No. 2，pp. 1-12，2011.

［7］　玉宮義之，松田剛，開一夫，「テレビゲームプレイが表情認知に与える影響．－ERP を指標として－」『日本心理学会第72回大会発表論文集』，p. 673，2008.

［8］　Tamamiya, Y., Matsuda, G., and Hiraki, K., Relationship between Video Game Violence and Long-Term Neuropsychological Outcomes. *Psychology*, Vol. 5, pp. 1477-1487, 2014.

［9］　玉宮義之，松田剛，開一夫，「暴力的なテレビゲームが脳に与える影響－表現認知に与える長期的影響と攻撃性への短期的影響－」，2014.
http://www.u-tokyo.ac.jp/public/public01_260908_j.html(2016.6.19取得)

［10］　文部科学省，国立教育政策総合研究所，「平成26年度全国学力・学習状況調査 調査結果のポイント」，p. 53，2014.
https://www.nier.go.jp/14chousakekkahoukoku/hilights.pdf(2016.6.19取得)

［11］　Nakamuro, M., Inui, T., Senoh, W., Hiromatsu, T., Are Television and Video Games Really Harmful for Kids?: Empirical evidence from the Longitudinal Survey of Babies in the 21st Century. *RIETI Discussion Paper Series*, 13-

E-046, 2013.

[12]　乾友彦，「テレビやゲームが子どもの発達に有害なのか」，2013.
　　　http://www.rieti.go.jp/jp/columns/a01_0382.html（2016.6.19取得）

[13]　文部科学省初等中等教育局児童生徒課，「平成26年度「児童生徒の問題行動等
　　　生徒指導上の諸問題に関する調査」について」，2015.
　　　http://www.mext.go.jp/b_menu/houdou/27/09/__icsFiles/afieldfile/2015/10/07
　　　/1362012_1_1.pdf#search='%E6%96%87%E9%83%A8%E7%A7%91%E5%AD%
　　　A6%E7%9C%81+%E5%B0%8F%E5%AD%A6%E7%94%9F+%E6%9A%B4%E5%
　　　8A%9B%E8%A1%8C%E7%82%BA+%E5%B9%B3%E6%88%90%EF%BC%92%E
　　　F%BC%96%E5%B9%B4%E5%BA%A6'（2016.6.19取得）

[14]　酒井浩二，大草史子，「テレビゲームの熱中感に関する実験的検討」『日本認知
　　　心理学会第2回大会発表論文集』，p. 81，2004.

[15]　苧阪満里子，『ワーキングメモリ：脳のメモ帳』，新曜社，2002.

[16]　Anguera, J. A., Boccanfuso, J., Rintoul, J. L., Al-Hashimi, O., Faraji, F., Jano-
　　　wich, J., Kong, E., Larraburo, Y., Rolle, C., Johnston, E., and Gazzaley, A., Video
　　　game training enhances cognitive control in older adults, *Nature*, 501,
　　　pp. 97-101, 2013.

[17]　安川一，「ビデオゲームはなぜ面白いのか」，アクロス編集室（編），『ポップ・
　　　コミュニケーション全書』，pp. 147-177，PARCO出版，1992.

[18]　Hull, C.L., *Principles of behavior: An introduction to behavior theory*, Apple-
　　　ton-Century-Crofts, 1943.

[19]　高田明典，「コンピュータゲームの心理学」『芸術科学会誌 DiVA』，No. 1,
　　　pp. 66-74，2001.

[20]　Eliis, M. J., *Why People Play*, Prentice-Hall, 1973.（Eliis, M. J., 森楙，大塚忠
　　　剛，田中亨胤（訳），『人間はなぜ遊ぶか遊びの総合理論』，黎明書房，2000.）

[21]　小川純生，「遊びは人間行動のプラモデル？」『経営論集』，第58号，pp. 25-49,
　　　2003.

[22]　White, R. W., Motivation reconsidered: The concept of competence. *Psycho-
　　　logical Review*, 66, pp. 297-333, 1959.

[23]　藤江清隆，馬場章，「ゲームの面白さとは何か―テレビゲームのプレジャラビ
　　　リティをめぐって―」『日本バーチャルリアリティ学会誌』，Vol. 9，No. 1,
　　　pp. 15-19，2004.

[24]　小川純生，「間違ったテレビゲーム進化 1/2―遊び概念からの説明―」『経営論

集』，第78号，pp. 81-103，2011.

［25］　中島信貴，「ビデオゲームの進化と開発側の課題」『映像情報メディア学会誌』，Vol. 67，No. 1，pp. 5-8，2013.

［26］　Csikszentmihalyi, M., *Flow: The Psychology of Optimal Experience*, Harper Perennial, New York, 1991.

［27］　M. チクセントミハイ，今村浩明（訳）『フロー体験喜びの現象学』，世界思想社，1996.

［28］　浅川希洋志，静岡大学教育学部附属浜松中学校，『フロー理論にもとづく「学びひたる」授業の創造―充実感をともなう楽しさと最適発達への挑戦―』，学文社，2011.

［29］　加藤泰久，喜多敏博，中野裕司，鈴木克明，「フロー理論に基づく学習教材・学習環境再設計支援のためのチェックリストの評価と改善」『教育システム情報学会誌』，Vol. 30，No. 3，pp. 200-211，2013.

［30］　浅川希洋志，ミハイ・チクセントミハイ，「効果的 e-Learning のためのフロー理論の応用」『日本 e-learning 学会誌』，Vol. 9，pp. 4-9，2009.

［31］　梶浦久江，中山伸一，「ブロック崩しゲームを見ている視聴者のフロー体験に与える効果音の影響」『図書館情報メディア研究』，Vol. 10，No. 1，pp. 1-10，2012.

［32］　梶浦久江，中山伸一，「ブロック崩しゲームにおけるプレイヤーとゲームを見る人のフロー体験に与える音楽の影響」『デジタルゲーム学研究』，Vol. 4，No. 2，pp. 13-22，2010.

［33］　須甲惇，大久保雅史，山口泰弘，山下翼，「フロー理論に基づくゲームシステムデザインの提案」『情報処理学会第74回全国大会講演論文集』，pp. 83-85，2012.

第3章
［1］　NHK 取材班（編著），『世界ゲーム革命』，NHK 出版，2011.

［2］　小孫康平，『瞬目の心理学と教育への応用―瞬目を用いた学習評価―』，風間書房，2014.

［3］　小孫康平，田多英興，「コンピュータディスプレイ上の平仮名文字の読みやすさと瞬目活動との関係」『教育システム情報学会誌』，Vol. 16，No. 2，pp. 75-84，1999.

［4］　小孫康平，田多英興，「連立方程式の解答に伴う瞬目と心拍の変化」『日本教育

工学会論文誌』, Vol. 23, No. 1, pp. 47-57, 1999.

［ 5 ］　中山実,「生体反応情報による効果測定」, 清水康敬（編）,『教育情報メディア
の活用』, pp. 19-40, 第一法規, 1993.

［ 6 ］　寺尾敦,「生理データを用いた学習評価」, 永岡慶三, 植野真臣, 山内祐平
（編）,『教育工学選書第 8 巻　教育工学における学習評価』, pp. 128-142, ミネ
ルヴァ書房, 2012.

［ 7 ］　百々尚美, 柿木昇治,「コンピュータゲームと Fmθ の出現」『臨床脳波』,
Vol. 36, pp. 243-247, 1994.

［ 8 ］　松本秀彦, 本平智美, 諸冨隆,「テトリスゲーム課題遂行における Frontal
midline theta：興味関心, ゲーム集中および性格特性との関連」『第29回日本脳
電磁図トポグラフィ研究会抄録集』, p. 20, 2012.

［ 9 ］　二ノ宮恵美, 相浦義郎, 柿木昇治,「コンピューターゲーム課題下での Fmθ
と瞬目活動との関係：興味度を変数として」『広島修大論集人文編』, Vol. 38,
No. 2, pp. 337-349, 1998.

［10］　Laukka, S. J., Jarvilehto, T., Alexandrov, Yu. I., and Lindqvist, J., Frontal mid-
line theta related to learning in a simulated driving task. *Biological Psycholo-
gy*, Vol. 40, pp. 313-320, 1995.

［11］　植村恭平, 松下宗一郎,「ゲームプレイの客観評価に関する検討—脳波とコン
トローラ操作量の相関について—」『情報処理学会第74回全国大会講演論文集』,
2012(1), pp. 499-500, 2012.

［12］　入戸野宏,「事象関連電位（ERP）と認知活動：工学心理学での利用を例に」,
2003.
http://cplnet.jp/erp_eng_psych.pdf(2016.6.19取得)

［13］　久保賢太, 川合伸幸,「事象関連電位によるテレビゲームの熱中度の測定：対
戦相手の有無の違い」『電子情報通信学会技術研究報告. HIP, ヒューマン情報
処理』, Vol. 114, No. 68, pp. 119-123, 2014.

［14］　脳科学研究戦略推進プログラム事務局,「脳プロの"技術"社会行動を担う脳
内メカニズムの解明を目指す「dual fMRI」」『脳 PRO Newsletter』, Vol. 7,
September, p. 1, 2013.
http://www.nips.ac.jp/srpbs/media/newsletter/vol7.pdf(2016.6.19取得)

［15］　山本徹,「デオキシヘモグロビンと fMRI 信号の多様な関係」『脈管学』,
Vol. 47, No. 1, pp. 5-10, 2007.

［16］　斎藤恵一, 星裕之, 川澄正史, 斎藤正男,「テレビゲームと脳活動—機能的

MRI による研究」『バイオメディカル・ファジィ・システム学会誌』，Vol. 8，No. 1，pp. 93-98，2006.

[17]　鹿内学，水原啓暁，「他者の状態によって変調する脳の報酬系：fMRI 研究」『日本認知心理学会第10回大会発表論文集』，2012.

[18]　髙倉大匡，「近赤外線分光法」『Equilibrium Research』，Vol. 74，No. 6，pp. 552-556，2015.

[19]　松田剛，開一夫，嶋田総太郎，小田一郎，「近赤外分光法によるテレビゲーム操作中の脳活動計測」『シミュレーション＆ゲーミング』，Vol. 13，No. 1，pp. 21-31，2003.

[20]　塩田真吾，荒崎智史，和田翔太，南祐貴，永田勝也，「環境教育用ボードゲームのデザインに関する基礎研究―近赤外分光法（NIRS）による検討―」『授業実践開発研究』，Vol. 4，pp. 75-80，2011.

[21]　岩谷徹，「ゲーム制作の本質とは何か，教育者の立場から」『映像情報メディア学会誌』，Vol. 67，No. 1，pp. 9-11，2013.

[22]　吉田一生，「Flow 時の脳活動：近赤外線分光法（fNIRS）を用いた検討」『北海道大学博士学位論文』，2015.

[23]　小原卓也，藤波努，「視線追従装置を用いたリズムアクションゲームにおけるスキルの分析」『人工知能学会第24回全国大会論文集』，pp. 1-4，2010.

[24]　Steelseries，「Sentry Gaming Eye Tracker」
https://steelseries.com/gaming-controllers/sentry-gaming-eye-tracker
（2016.6.19取得）

[25]　小孫康平，『瞬目の心理学と教育への応用―瞬目を用いた学習評価―』，風間書房，2014.

[26]　佐藤直樹，山田昌和，坪田一男，「VDT 作業とドライアイの関係」『あたらしい眼科』，Vol. 9，pp. 2103-2106，1992.

[27]　四宮加容，「パソコン等使用による健康障害（IT 眼症）」『四国医学雑誌』，Vol. 62，No. 3, 4，pp. 120-122，2006.

[28]　JINS MEME，「世界初，内なる自分を知ることができるウェアラブルメガネ」
https://jins-meme.com/ja/（2016.6.19取得）

[29]　広田雅和，川守田拓志，魚里博，「Visual Display Terminal 作業前後における瞬目および瞳孔径の動的変化」『視覚の科学』，Vol. 35，No. 1，pp. 8-12，2014.

[30]　益子宗，星野准一，「心拍数制御を用いた運動支援ゲーム」『芸術科学会論文誌』，Vol. 6，No. 3，pp. 136-144，2007.

[31]　小孫康平,「オンラインゲームの教育利用における生体信号を用いたユーザエクスペリエンスの評価方法の開発」『中山隼雄科学技術文化財団平成23年度研究成果報告書』, 2012.

[32]　松原仁,「戦略的創造研究推進事業CREST,「オンラインゲームの制作支援と評価」研究終了報告書」, p.17, 2011.

[33]　棟方渚,「人間と人工物との持続的なインタラクション構築を目的としたインタラクティブシステム」『博士論文』, p.6, 2008.

[34]　棟方渚,「ロボットに対する愛着行動の解析」『日本ロボット学会誌』, Vol.32, No.8, pp.696-699, 2014.

[35]　棟方渚, 櫻井高太郎, 中村光寿, 吉川浩, 小野哲雄,「バイオフィードバックゲーム"The ZEN"のトレーニング効果とエンタテインメント性：長期実験観察と治療応用の一症例の報告」『デジタルゲーム学研究』, Vol.7, No.2, pp.67-78, 2015.

[36]　長嶋洋一,「内受容感覚バイオフィードバックによる"癒し系エンタテインメント"の考察」『エンタテインメントコンピューティングシンポジウム2015論文集』, pp.1-7, 2015.

[37]　大田雅人, 荒木智彰, 北尾太嗣, 平原誠一郎, GAORUNZI 'JACK', 安藤英由樹,「運動におけるタメ動作付加による爽快感の提示」『エンタテインメントコンピューティングシンポジウム2013論文集』, pp.352-354, 2013.

[38]　金子知生, 飯田順一郎,「ゲームプレイが口腔機能に与える影響についての研究」『日本顎口腔機能学会雑誌』, Vol.18, No.2, pp.186-187, 2012.

[39]　山口健治, 櫻井芳雄,「Arduinoマイコンを用いたリアルタイムの行動実験制御とデータロギング」『生理心理学と精神生理学』, Vol.31, No.3, pp.203-212, 2013.

[40]　長野祐一郎,「計算・迷路課題が自律系生理指標に与える影響の検討」『文京学院大学人間学部研究紀要』, Vol.13, pp.59-67, 2012.

[41]　長野祐一郎,「フィジカルコンピューティング機器を用いたストレス反応の測定」『ストレス科学研究』, Vol.27, pp.80-87, 2012.

[42]　長野祐一郎,「オープンソースハードウェアを用いた生理指標多人数計測による「楽しさ」評価システムの開発」『中山隼雄科学技術文化財団 平成24年度助成研究活動報告書』, 2013.

[43]　渡邉翔太, 伏田幸平, 伊藤一真, 大森駿哉, 中尾彩子, 小林剛史, 長野祐一郎,「ゲームの楽しさを測る（4）―対戦相手の位置情報の有無が主観感情および自律

系生理反応に及ぼす影響－」『日本心理学会第78回大会発表論文集』，2014.

第4章

［1］ 牟田淳，『デザインのための数学』，p.209，オーム社，2010.

［2］ 吉崎正憲，「ローレンツ・カオスの理解の仕方」『天気』，Vol.61，No.3，pp.205-209，2014.

［3］ 松本義之，和多田淳三，「ファジィ推論によるカオス短期予測の改善と遺伝的アルゴリズムによるチューニング」『日本知能情報ファジィ学会誌』，Vol.16，No.1，pp.44-52，2004.

［4］ 雄山真弓，「脈波の「ゆらぎ」を用いた精神健康度自己チェックの可能性」『第12回公開シンポジウム「人文科学とデータベース」』，Vol.12，pp.31-38，2006.

［5］ 田原孝，「臨床におけるカオスの応用」『バイオメカニズム学会誌』，Vol.19，No.2，pp.105-116，1995.

［6］ 劉僖根，「カオス理論を用いた生体信号解析システムの開発」『豊橋短期大学研究紀要』，第12号，pp.241-244，1995.

［7］ 雄山真弓，『心の免疫力を高める「ゆらぎ」の心理学』，p.21，祥伝社，2012.

［8］ 田原孝，「カオス・複雑系で生活リズムと健康を考える」『教育と医学』，49巻，pp.334-347，2001.

［9］ 苗鉄軍，「カオスセミナーノート」，株式会社コンピュータコンビネンス，2003.

［10］ 今西明，雄山真弓，「モニタ監視作業における判断・操作ミス測定のためのシステム開発とその応用」『情報科学技術レターズ』，4，pp.253-256，2005.

［11］ 吉田暁，「脈波のカオスは心理学に何をもたらすのか？ 生理反応・心理状態・コミュニケーションを探る」『日本心理学会第79回大会』，2015.

［12］ 合原一幸，村重淳，「カオス工学の展望」『日本ロボット学会誌』，Vol.15，No.8，pp.1098-1103，1997.

［13］ 今西明，「生体信号の「ゆらぎ」を見る－ヒトの心理状態と「ゆらぎ」－」，平野哲司，土江伸誉，今西明，一言英文，石暁玲，中見仁美，『心理科学の最前線』，pp.49-65，関西学院大学出版会，2010.

［14］ 脳波解析マニュアル，http://eegkaiseki.web.fc2.com/ft.html（2016.6.19取得）

［15］ 市川忠彦，『脳波の旅への誘い第2版－楽しく学べるわかりやすい脳波入門－』，pp.47-48，星和書店，2006.

［16］ TAOS研究所，「カオスに関する用語集」
http://www.taos.tokyo/rdinfo/49.html（2016.6.19取得）

[17]　雄山真弓，『心の免疫力を高める「ゆらぎ」の心理学』，p.26，祥伝社，2012.

[18]　今西明，雄山真弓，「生理心理学における新たな解析手法の提案－生体信号のカオス解析－」『人文論究』，Vol.58，No.3，pp.23-42，2008.

[19]　津田一郎，「数学と医学－脳波と脈波のカオス解析をめぐって－」『数学』，Vol.51，No.1，pp.91-97，1999.

[20]　徳高平蔵，柿原俊幸，倉田将史，藤村喜久郎，権田英功，馬庭芳朗，山本雅司，李仕剛，大北正昭，「脈波波形解析システムの解析結果を用いた総合脈波判定システムの構築」『バイオメディカル・ファジィ・システム学会誌』，Vol.11，No.1，pp.49-56，2009.

[21]　原田隆郎，横山功一，「生体脈波を用いた道路の乗り心地評価に関する基礎的研究」『土木学会論文集 F4（建設マネジメント）』，Vol.68，No.1，pp.40-51，2012.

[22]　喜多村直，「生体システムにおけるカオス－人工臓器への応用を考える－」『人工臓器』，Vol.23，No.6，pp.1174-1180，1994.

[23]　池口徹，山田泰司，小室元政，「カオス時系列解析の基礎理論」，合原一幸（編），『カオス時系列解析の基礎と応用』，pp.121-189，産業図書，2000.

[24]　今西明，雄山真弓，「指尖容積脈波のカオス解析における遅延時間の検討」『人間工学』，Vol.45，No.5，pp.303-305，2009.

[25]　在原里沙・雄山真弓・鈴木伸一，「音楽聴取による快・不快感情を表す指標としての指尖容積脈波の妥当性の検討－カオス解析を用いて－」『日本心理学会第69回大会発表論文集』，p.459，2005.

[26]　中田裕子，雄山真弓，「末梢生理反応を指標としたストレス評価の検討」『日本心理学会第69回大会発表論文集』，p.450，2005.

[27]　岡林春雄，「指尖脈波は心の指標となりうるか－生体信号のカオス探究－」『日本教育心理学会第56回総会発表論文集』，p.713，2014.

[28]　胡毓瑜，三好恵真子，「脈波におけるカオス解析の技術開発と展望：中国における心理問題への対処法としての応用展開の可能性」『大阪大学大学院人間科学研究科紀要』，第40巻，pp.27-46，2014.

[29]　瀧川諒子，鈴木平，石井康智，雄山真弓，「生体情報のカオス的同期について－呼吸と脈波のカオスの連関－」『日本心理学会第79回大会発表論文集』，p.520，2015.

[30]　原田隆郎，横山功一，「生体脈波を用いた道路の乗り心地評価に関する基礎的研究」『土木学会論文集 F4（建設マネジメント）』，Vol.68，No.1，pp.40-51，

2012.

［31］ 鈴木桂輔，保田将史，佐々幸哉，原田茂樹，「森林系エアサプリメントがドライバの運転行動に及ぼす影響」『日本機械学会論文集（C編）』，Vol. 72，No. 723，pp. 3584-3592，2006.

［32］ 鈴木桂輔，岡田雄太，「指尖脈波のゆらぎ解析によるドライバの心理状態の推定」『日本機械学会論文集（C編）』，Vol. 74，No. 743，pp. 85-94，2008.

［33］ 伊藤誠，稲垣敏之，「認知的負荷がドライバの脈波に与える影響に関する一考察」『日本人間工学会大会講演集』，Vol. 45特別号，pp. 140-141，2009.

［34］ 鈴木桂輔，「携帯電話の通話形態がドライバの運転特性に及ぼす影響」『日本機械学會論文集（C編）』，Vol. 72，No. 714，pp. 545-552，2006.

第 5 章

［1］ Kutner, L., Olson, C. K., *Grand Theft Childhood*, Sterling Lord Literistic, Inc., 2008（鈴木南日子（訳）『ゲームと犯罪と子どもたち―ハーバード大学医学部の大規模調査より―』，インプレスジャパン，2009.）

［2］ 上村雅之，尾鼻崇，「遊びとしてのビデオゲーム研究―ゲームプレイの可視化と保存―」『情報処理学会：人文科学とコンピュータシンポジウム論文集』，Vol. 2009，No. 16，pp. 101-106，2009.

［3］ 小孫康平，「ビデオゲームプレイヤーの心理状態とコントローラのボタン操作行動の分析」『デジタルゲーム学研究』，Vol. 5，No. 2，pp. 1-12，2011.

［4］ 尾鼻崇，上村雅之，「遊びとしてのビデオゲーム研究：「ゲームプレイ」のビジュアライゼーションとアーカイビング」，稲葉光行（編），『デジタル・ヒューマニティーズ研究と Web 技術』，pp. 68-87，ナカニシヤ出版，2012.

［5］ 小孫康平，「ビデオゲームプレイヤーの操作行動が脈波のカオス解析による心理状態と主観的感情に及ぼす影響」『デジタルゲーム学研究』，Vol. 4，No. 2，pp. 1-12，2010.

［6］ 湯川進太郎，吉田富二雄，「暴力的テレビゲームと攻撃―ゲーム特性および参加性の効果―」『筑波大学心理学研究』，第23巻，pp. 115-127，2001.

［7］ 小孫康平，「各種娯楽における満足感およびテレビゲームに対するイメージ・感情の要因分析」『Core ethics：コア・エシックス』，pp. 181-195，第 6 巻，2010.

［8］ 安藤明人，曽我祥子，山崎勝之，島井哲志，嶋田洋徳，宇津木成介，大芦治，坂井明子，「日本版 Buss-Perry 攻撃性質問紙（BAQ）の作成と妥当性・信頼性

の検討」『心理学研究』，Vol. 70，No. 5，pp. 384-392，1999.

第 6 章
［ 1 ］　山下恒男，『テレビゲームから見る世界』，ジャストシステム，1995.
［ 2 ］　小孫康平，「ビデオゲームプレイヤーの心理状態とコントローラのボタン操作
　　　　行動の分析」『デジタルゲーム学研究』，Vol. 5，No. 2，pp. 1-12，2011.
［ 3 ］　Norman, D. A., *The Psychology of Everyday Things*, BasicBooks, 1998.（野
　　　　島久雄（訳），『誰のためのデザイン？』，新曜社，1990.）

第 7 章
［ 1 ］　小孫康平，「未習熟者群および習熟者群のビデオゲーム操作活動と時間経過と
　　　　の関連」『デジタルゲーム学研究』，Vol. 7，No. 1，pp. 13-21，2014.

第 8 章
［ 1 ］　小孫康平，『ビデオゲームに関する心理学的研究－ゲームプレイヤーの心理状
　　　　態とボタン操作行動を中心に－』，pp. 123-126，風間書房，2012.

第 9 章
［ 1 ］　小孫康平，「デジタル社会の情報リテラシーと ICT の利活用」，広石英記（編
　　　　著），『教育方法論』，pp. 149-150，一藝社，2014.
［ 2 ］　新村出，『広辞苑 第 6 版』，岩波書店，p. 2949，2008.
［ 3 ］　生田孝至，「メディアリテラシー」，日本教育工学会（編），『教育工学事典』，
　　　　pp. 491-492，実教出版，2000.
［ 4 ］　樋口耕一，「KH Coder 2.x チュートリアル」，2013.
［ 5 ］　越中康治，高田淑，木下英俊，安藤明伸，高橋潔，田幡憲一，岡正明，石澤公
　　　　明，「テキストマイニングによる授業評価アンケートの分析－共起ネットワーク
　　　　による自由記述の可視化の試み－」『宮城教育大学情報処理センター研究紀要』，
　　　　No. 22，pp. 67-74，2015.
［ 6 ］　樋口耕一，『社会調査のための計量テキスト分析－内容分析の継承と発展を目
　　　　指して－』，ナカニシヤ出版，2014.
［ 7 ］　下平裕之，福田進治，「古典派経済学の普及過程に関するテキストマイニング
　　　　分析－リカード、ミル、マーティノーを中心に－」『人文社会論叢. 社会科学篇』，
　　　　31，pp. 51-66，2014.

［ 8 ］　鈴木みどり（編著），『メディア・リテラシーを学ぶ人のために』，p. 8，世界思想社，1997.

［ 9 ］　水越伸，『新版デジタル・メディア社会』，pp. 92-93，岩波書店，2002.

［10］　中橋雄，『メディア・リテラシー論』，p. 27，北樹出版，2014.

［11］　後藤康志，「メディア・リテラシーの発達と構造に関する研究」『新潟大学博士学位論文』，p. 24，2006.

［12］　小平さち子，「「メディア・リテラシー」教育をめぐるヨーロッパの最新動向―リテラシーの向上に向けた政策と放送局にみる取り組み―」『放送研究と調査』，Vol. 62，No. 4，pp. 40-57，2012.

［13］　European Commission, *A European approach to media literacy in the digital environment*, 2007.

［14］　岡本弘之，浅井和行，「メディア・リテラシーを育てる情報科の授業」『日本教育メディア学会第21回年次大会発表論文集』，pp. 160-161，2014.

［15］　中橋雄，『メディア・リテラシー論』，p. 109，北樹出版，2014.

［16］　石村飛生，「日本の学校教育におけるメディア・リテラシー教育実践の課題と展望：実践の内容分析を通して」『弘前大学大学院教育学研究科修士論文』，2015.

［17］　中央教育審議会『我が国の高等教育の将来像（答申）』，2005.

［18］　中央教育審議会『幼稚園、小学校、中学校、高等学校及び特別支援学校の学習指導要領等の改善について（答申）』，2008.

［19］　文部科学省，『教育の情報化に関する手引』，pp. 74-79，2010.

［20］　文部科学省，『教育の情報化ビジョン』，2011.

［21］　文部科学省，『教育の情報化に関する手引』，p. 75，2010.

［22］　文部科学省，『教育の情報化に関する手引』，p. 15，2010.

第10章

［ 1 ］　中橋雄，水越敏行，「メディア・リテラシーの構成要素と実践事例分析」『日本教育工学会論文誌』，Vol. 27（Suppl），pp. 41-44，2003.

［ 2 ］　馬場章，「ゲーム学の国際的動向：ゲームの面白さを求めて」『映像情報メディア学会誌』，Vol. 60，No. 4，pp. 491-494，2006.

［ 3 ］　馬場章，「ゲームの教育と研究の役割―ゲームの明るい未来のために―」，社団法人コンピュータエンターテインメント協会，『テレビゲームのちょっといいおはなし・5』，pp. 1-13，2008.

［ 4 ］　馬場章・遠藤雅伸，「ゲーム・テクノロジーから教育を変える」，2013.

https://www.youtube.com/watch?v=mGvfbo5hHfw(2016.6.19取得)

［5］ Zagal, J. P., *Ludoliteracy: Defining, Understanding, and Supporting Games Education*, ETC Press, 2010.

［6］ 財津康輔，樋口重和，「ゲームリテラシーを測定する尺度の開発」『デジタルゲーム学研究』，Vol. 6，No. 1，pp. 13-24，2012.

［7］ 藤川大祐，「デジタル情報革命後のメディアリテラシー教育に関する考察―テレビゲーム，携帯電話，風評被害等に関わる授業実践開発を通して―」，『千葉大学教育学部研究紀要』，Vol. 54，pp. 69-74，2006.

［8］ 和田正人，「ビデオゲームのメディア・リテラシー学習：教材作成によるメディア・リテラシー分析能力の効果」『東京学芸大学紀要．総合教育科学系』，Vol. 61，No. 2，pp. 175-196，2010.

［9］ 和田正人，「メディア・リテラシー教育におけるクリティカル分析の学習：暴力的ビデオゲームと表象」『東京学芸大学紀要，総合教育科学系』，Vol. 62，No. 2，pp. 337-350，2011.

第11章

［1］ 北海道教育委員会（北海道子どもの生活習慣づくり実行委員会），「どさんこアウトメディアプロジェクト」.
http://www.dokyoi.pref.hokkaido.lg.jp/hk/sgg/dosankooutmedia/n.htm (2016.6.19取得)

［2］ 井口貴紀，「現代日本の大学生におけるゲームの利用と満足：ゲームユーザー研究の構築に向けて」『情報通信学会誌』，Vol. 31，No. 2，pp. 67-76，2013.

［3］ 戸部秀之・竹内一夫・堀田美枝子，「児童生徒のテレビゲーム依存傾向および暴力的なゲーム使用と，メンタルヘルス，心理・社会的問題性との関連」『学校保健研究』，Vol. 52，No. 4，pp. 263-272，2010.

［4］ 小孫康平，「ゲーム・リテラシー教育に関する基礎的研究」『皇學館大学教育学部研究報告集』，第8号，pp. 137-149，2016.

［5］ 森楙・湯地宏樹，「テレビゲームの心理的充足機能とコンピュータ・リテラシーとの関連」『日本教育社会学会第48回大会発表要旨集録』，48，pp. 228-231，1996.

［6］ 湯川進太郎，吉田富二雄，「暴力的テレビゲームと攻撃―ゲーム特性および参加性の効果―」『筑波大学心理学研究』，第23号，pp. 115-127，2001.

［7］ 中室牧子，『学力の経済学』，pp. 52-57，ディスカヴァー・トゥエンティワン，

2015.

［8］　新井範子，「ソーシャルゲームにおけるユーザーの心理特性と課金行動の関連性について」，『上智経済論集』，Vol. 58，No. 1・2，pp. 277-287，2013.

第12章

［1］　角田巌，「遊びの世界志向性」『人間科学研究：文教大学人間科学部』，第20号，pp. 4-14，1998.

［2］　中野純，『闇学入門』，集英社，2014.

［3］　椎野信雄，「遊びとゲーム―遊びの貧困の所以―」『湘南フォーラム：文教大学湘南総合研究所紀要』，第15号，pp. 27-41，2011.

［4］　上村雅之，尾鼻崇，「遊びとしてのビデオゲーム研究―ゲームプレイの可視化と保存―」『情報処理学会：人文科学とコンピュータシンポジウム論文集』，Vol. 2009，No. 16，pp. 101-106，2009.

［5］　樋口耕一，『社会調査のための計量テキスト分析―内容分析の継承と発展を目指して―』，ナカニシヤ出版，2014.

［6］　上村雅之，細井浩一，中村彰憲，『ファミコンとその時代』，p. 128，NTT出版，2013.

［7］　杉谷修一，「遊びの構造に見られるニューメディアの影響」『西南女学院大学紀要』，Vol. 17，pp. 1-11，2013.

第13章

［1］　藤本徹，『シリアスゲーム―教育・社会に役立つデジタルゲーム―』，pp. 19-22，東京電機大学出版局，2007.

［2］　藤本徹，「効果的なデジタルゲーム利用教育のための考え方」『コンピュータ＆エデュケーション』，Vol. 31，pp. 10-15，2011.

［3］　藤本徹，山田政寛，「インフォーマル・ラーニングにおけるゲームの教育利用に関する評価の現状と今後の展開」『日本教育工学会論文誌』，Vol. 37，No. 3，pp. 343-351，2013.

［4］　井上明人，「ゲーミフィケーション：ゲームがビジネスを変える」，NHK出版，2012.

［5］　松本多恵，「ゲーミフィケーションとシリアスゲームの相違点について」，『情報の科学と技術』，Vol. 64，No. 11，pp. 481-484，2014.

［6］　藤本徹，『シリアスゲーム―教育・社会に役立つデジタルゲーム―』，pp. 6-7，

東京電機大学出版局，2007.

［7］　藤本徹，「ゲーム学習の新たな展開」『放送メディア研究』，Vol. 12，pp. 233-252，2015.

［8］　藤本徹，「シリアスゲームと次世代コンテンツ」，財団法人デジタルコンテンツ協会編，『デジタルコンテンツの次世代基盤技術に関する調査研究』，第四章，2006.

［9］　藤本徹，「シリアスゲーム」，デジタルゲームの教科書制作委員会編，『デジタルゲームの教科書－知っておくべきゲーム業界最新トレンド－』，pp. 239-240，ソフトバンククリエイティブ，2010.

［10］　Kondo, M., Ishikawa, Y., Smith, C., Sakamoto, K., Shimomura, H., and Wada, N., Mobile Assisted Language Learning in university EFL courses in Japan: developing attitudes and skills for self-regulated learning, ReCALL, Vol. 24, Iss. 2, pp. 169-187, 2012.

［11］　国連 WFP ニュース，「WFP と KONAMI、ソーシャルゲーム「Food Force」を公開」
http://ja.wfp.org/news/news-release/111130（2016.6.29取得）

［12］　今枝奈保美，「国際食糧支援の疑似体験ゲームによる公衆栄養戦略の理解向上」，『私立大学情報教育協会　ICT 利用による教育改善研究発表会』，2010.

［13］　和田正人，「ユネスコ「教師のためのメディア情報リテラシーカリキュラム」評価２：教員養成におけるソーシャルゲーム、フードフォースを利用した学習効果」，『東京学芸大学紀要，総合教育科学系』，Vo.65，No. 2，pp. 423-435，2014.

［14］　野村淳一，天野圭二，「ゲームを用いた経営学教育の実践と課題」『星城大学経営学部研究紀要』，第15号，pp. 1-12，2015.

［15］　小林直人，「コンピュータゲームに関するトピックを活用した教育について：商経学部における事例紹介」『千葉商大紀要』，Vol. 52，No. 1，pp. 279-290，2014.

第14章

［1］　小孫康平，『ビデオゲームに関する心理学的研究－ゲームプレイヤーの心理状態とボタン操作行動を中心に－』，風間書房，2012.

［2］　小孫康平，「テキストマイニングを用いたシリアスゲームの教育利用の分析」『皇學館大学教育学部研究報告集』，第 8 号，pp. 151-162，2016.

［3］　樋口耕一，『社会調査のための計量テキスト分析－内容分析の継承と発展を目

指して一』，ナカニシヤ出版，2014.

第15章

［1］　神谷達夫，赤阪健，松田稔，「ビデオゲームにおける疲労と習熟」『日本生理人類学会誌』，Vol. 10，No. 2，pp. 61-66，2005.

［2］　三澤哲夫，重田定義，野島晋，「児童の目におよぼすビデオゲームの影響」『日本衛生学雑誌』，Vol. 45，No. 6，pp. 1029-1034，1991.

［3］　Li, R., Polat, U., Makous, W., Bavelier, D., Enhancing the contrast sensitivity function through action video game training, *Nature Neuroscience*, 12, pp. 549-551, 2009.

［4］　林直亨，池村司，山口裕嗣，「ビデオゲームが運動時の視力を改善するメカニズム―神経活動と循環動態の関連から―」『上月財団スポーツ研究助成報告書』，pp. 1-14，2014.

［5］　中村晴信，沖田善光，甲田勝康，藤田裕規，西尾信宏，間瀬知紀，宮脇千惠美，桑原恵介，小原久未子，「小学生におけるゲームの使用とゲームに対する意識との関連」『小児保健研究』，Vol. 71，No. 3，pp. 405-413，2012.

［6］　中村晴信，沖田善光，甲田勝康，藤田裕規，西尾信宏，間瀬知紀，宮脇千惠美，桑原恵介，小原久未子，「中学生におけるゲーム・テレビの使用と，生活習慣，精神・身体症状および保護者の把握状況との関連」『小児保健研究』，Vol. 71，No. 5，pp. 698-708，2012.

［7］　西村雄宏，岩田豊人，村田勝敬，「3D ゲーム使用の視覚系神経機能に及ぼす影響」『秋田医学』，Vol. 37，pp. 85-91，2010.

第16章

［1］　文部科学省，『教育の情報化に関する手引』，p. 195，2010.

［2］　文部科学省，『教育の情報化に関する手引』，p. 195-196，2010.

［3］　伊藤史人，岡部星樹，縄手雅彦，菊田諭，「1つのスイッチ入力で操作できるWii 用コントローラの試作」『情報処理学会インタラクション2015論文集』，pp. 550-551，2015.

［4］　熊澤明，小野束，「市販テレビゲームにおける視覚障害者への情報補償について」『筑波技術大学テクノレポート』，Vol. 14，pp. 43-47，2007.

［5］　鈴木貴，荒木智行，「全盲者が力覚デバイスによるゲームを楽しむことの考察について」『日本知能情報ファジィ学会 第30回ファジィシステムシンポジウム講

演論文集』，pp. 484-485，2014.

［6］　小孫康平，前迫孝憲，清水康敬，「筋ジストロフィー症児の訓練意欲を高める
ためのマイコン利用」『日本科学教育学会第 8 回年会論文集』， 8 ，pp. 138-139，
1984.

［7］　小孫康平，「マイコンを用いた筋ジストロフィー症児の物理教育」『物理教育』，
Vol. 33，No. 1，pp. 48-49，1985.

［8］　財津康輔，林田健太，梶原治朗，松隈浩之，樋口重和，「起立－着席運動を支
援するシリアスゲームの生理・心理的影響の評価」『体力科学』，Vol. 63，No. 5，
pp. 469-473，2014.

［9］　松隈浩之，東浩子，梶原治朗，服部文忠，「超高齢化社会におけるリハビリ用
シリアスゲームの意義」『情報の科学と技術』，Vol. 62，No. 12，pp. 520-526，
2012.

［10］　遠藤直人，大須賀美恵子，「高齢者の上肢の運動の促進を目的としたゲームの
開発と評価」『人間工学』，Vol. 51特別号，pp. 96-97，2015.
https://www.jstage.jst.go.jp/article/jje/51/Supplement/51_S96/_pdf
（2016.6.19.取得）

［11］　井上翼，大須賀美恵子，「高齢者の嚥下障害予防を目的としたシリアスゲーム
の開発と評価」『人間工学』，Vol. 50特別号，pp. 166-167，2014.

［12］　野内類，川島隆太，「脳トレゲームは認知機能を向上させることができるの
か？」『高次脳機能研究』，Vol. 34，No. 3，pp. 335-341，2014.

第17章
［1］　樋口耕一，『社会調査のための計量テキスト分析－内容分析の継承と発展を目
指して－』，ナカニシヤ出版，2014.

［2］　Takeuchi, H., Taki, Y., Hashizume, H., Asano, K., Asano, M., Sassa Y., Yokota,
S., Kotozaki, Y., Nouchi, R., and Kawashima, R., Impact of videogame play on
the brain's microstructural properties: cross-sectional and longitudinal analy-
ses, *Molecular Psychiatry advance online publication*, 2016.

［3］　東北大学加齢医学研究所，「長時間のビデオゲームが小児の広範な脳領域の発
達や言語性知能に及ぼす悪影響を発見－発達期の小児の長時間のビデオゲームプ
レイには一層のケアを喚起－」，2016.
http://www.tohoku.ac.jp/japanese/newimg/pressimg/tohokuuniv-press20160105
_01web.pdf（2016.6.19取得）

［4］　藤本徹，「東北大グループの「長時間のゲームプレイの子どもへの影響」論文へのコメント」，2016.

http://anotherway.jp/archives/20160110.html(2016.6.19取得)

第18章

［1］　西村雄宏，岩田豊人，村田勝敬，「3D ゲーム使用の視覚系神経機能に及ぼす影響」『秋田医学』，Vol. 37，pp. 85-91，2010.

［2］　坂元章，『テレビゲームと子どもの心―子どもたちは凶暴化していくのか？―』，pp. 161-162，メタモル出版，2004.

［3］　藤川大祐，「テレビゲームにも必要なリテラシー教育」『児童心理』，pp. 104-108，2008.

［4］　藤川大祐，「デジタル情報革命後のメディアリテラシー教育に関する考察―テレビゲーム，携帯電話，風評被害等に関わる授業実践開発を通して―」『千葉大学教育学部研究紀要』，Vol. 54，pp. 69-74，2006.

［5］　カプコン，「ゲームリテラシー教育」

http://www.capcom.co.jp/ir/csr/csr04.html(2016.6.19取得)

［6］　和田正人，森本洋介，村上郷子，菅原真悟，田島知之，上松恵理子，「ユネスコ「教師のためのメディア情報リテラシー教育カリキュラム」ガイド」『東京学芸大学紀要．総合教育科学系Ⅱ』，Vol. 64，No. 2，pp. 299-325，2013.

［7］　藤川大祐，阿部学，城亜美，「教員養成学部授業におけるアプリ教材づくり―ハッカソンにおけるプロトタイプ作成まで―」，藤川大祐編，『社会とつながる学校教育に関する研究（2）』，千葉大学大学院人文社会科学研究科研究プロジェクト報告書，第277集，pp. 29-42，2014.

［8］　長瀧寛之，「コンピュータゲームを通して情報科学を概観する一般情報教育の授業手法の提案と評価」『情報処理学会論文誌』，Vol. 54，No. 1，pp. 2-13，2013.

［9］　首相官邸，「世界最先端 IT 国家創造宣言の変更について」，2015.

http://www.kantei.go.jp/jp/singi/it2/kettei/pdf/20150630/siryou1.pdf
(2016.6.19取得)

［10］　総務省，『プログラミング人材育成の在り方に関する調査研究報告書』，2015.

http://www.soumu.go.jp/main_content/000361430.pdf#search='%E3%83%97
%E3%83%AD%E3%82%B0%E3%83%A9%E3%83%9F%E3%83%B3%E3%82%B0
%E6%95%99%E8%82%B2+%E3%82%B2%E3%83%BC%E3%83%A0+%EF%BD
%90%EF%BD%84%EF%BD%86'(2016.6.19取得)

[11]　文部科学省, 『プログラミング教育実践ガイド』, 2015.
http://jouhouka.mext.go.jp/school/pdf/programing_guide.pdf(2016.6.19取得)

[12]　教育家庭新聞社, 「日本人の「遊び心」「ものづくり」が「ゲーム」世界一に」, 『教育マルチメディア新聞』, 2008年1月.
http://www.kknews.co.jp/maruti/2007/news/080101_0a.html(2016.6.19取得)

[13]　大谷忠・渡津光司, 「科学技術リテラシーを育成するための教育課程編成に関わる課題－技術科と理科における指導内容の比較を通して－」『科学教育研究』, Vol. 39, No. 2, pp. 186-194, 2015.

[14]　藤本徹, 「海外のゲーム教育・学習研究拠点に関する調査」, 『日本デジタルゲーム学会夏季研究発表大会予稿集』, pp. 11-13, 2015.

あ と が き

CiNii（サイニィ）は，論文，図書・雑誌や博士論文などの学術情報を検索するデータベース・サービスである。特に，CiNii Articles は，学協会刊行物・大学研究紀要などの学術論文情報を検索できるデータベースである。

この CiNii Articles を利用して，「メディア・リテラシー」を検索すると1660件がヒットした。また，「ゲーム　リテラシー」で検索してみると76件であった。一方，「ゲーム・リテラシー」を検索すると，5件であった（2016年7月16日現在）。もちろん，メディア・リテラシーで対象としているメディアには，マスメディア，映画，インターネット等，様々なものがあるので，多くの研究が存在することは理解できるが，ゲーム・リテラシーの研究は，あまりにも少ないと言わざるを得ない。教育現場においても，メディア・リテラシーを学習する機会は多くなったが，「ゲーム・リテラシー」の学習に関しては，諸外国と比較しても，かなり遅れていると思われる。

筆者は，過去，国立特殊教育総合研究所で教育工学に関する研究を行っていた。ゲーム性を取り入れた学習ソフトや教材教具を通じて子どもが活発に学習する姿を何回も経験し，ゲームの有用性や将来性について確信したのである。その後，立命館大学の上村雅之先生の研究室でビデオゲームに関する研究を行うことができたことは，大変幸せなことと思っている。

刊行にあたり，丁寧なご指導を頂きました立命館大学の上村雅之先生には心よりお礼申し上げます。また，前白鷗大学の田多英興先生には，あたたかい励ましをいただきました。心より感謝申し上げます。

また，本書を世に送るにあたり，お世話になったすべての方がたに心から感謝申し上げます。

最後に，私事で恐縮ではあるが，長年の研究活動を支えてくれた妻と子ど

154

もたちにも，この場を借りて感謝とお礼を述べる。

　なお，本書は次の論文を基にして加筆・修正したものである。

第5章：

小孫康平，「ビデオゲームプレイヤーの操作行動が脈波のカオス解析による心理状態と主観的感情に及ぼす影響」『デジタルゲーム学研究』，Vol. 4，No. 2，pp. 1-12，2010.

小孫康平，「ビデオゲームプレイヤーの心理状態とコントローラのボタン操作行動の分析」『デジタルゲーム学研究』，Vol. 5，No. 2，pp. 1-12，2011.

第6章：

小孫康平，「ビデオゲームプレイヤーの心理状態とコントローラのボタン操作行動の分析」『デジタルゲーム学研究』，Vol. 5，No. 2，pp. 1-12，2011.

第7章：

小孫康平，「未習熟者群および習熟者群のビデオゲーム操作活動と時間経過との関連」『デジタルゲーム学研究』，Vol. 7，No. 1，pp. 13-21，2014.

第8章：

小孫康平，『ビデオゲームに関する心理学的研究―ゲームプレイヤーの心理状態とボタン操作行動を中心に―』，pp. 117-145，風間書房，2012.

第11章：

小孫康平，「ゲーム・リテラシー教育に関する基礎的研究」『皇學館大学教育学部研究報告集』，第8号，pp. 137-149，2016.

小孫康平，「大学生のゲームリテラシーに関する実態調査」『教育システム情報学会研究報告』，Vol. 29，No. 6，pp. 131-138，2015.

第14章：

小孫康平，「テキストマイニングを用いたシリアスゲームの教育利用の分析」

『皇學館大学教育学部研究報告集』，第 8 号，pp. 151-162，2016.

小孫康平，「シリアスゲームの教育利用に関するテキストマイニング解析」

　　『日本教育工学会第31回全国大会講演論文集』，pp. 256-257，2015.

著者略歴

小 孫 康 平（こまご やすひら）

1952年大阪府生まれ
筑波大学大学院教育研究科修士課程修了
東北学院大学大学院人間情報学研究科人間情報学専攻博士後期課程修了
立命館大学大学院先端総合学術研究科先端総合学術専攻博士課程（一貫制）修了
国立特殊教育総合研究所（現独立行政法人国立特別支援教育総合研究所）
教育工学研究部主任研究官，関西国際大学人間科学部・関西国際大学大学院人間行動
学研究科（研究科長）教授を経て，現在，
皇學館大学教育学部（教育学科主任）・皇學館大学大学院教育学研究科教授，皇學館
大学学長補佐，立命館大学衣笠総合研究機構ゲーム研究センター客員研究員
博士（学術）（立命館大学）　博士（学術）（東北学院大学）
専攻：デジタルゲーム学，心理学，教育方法学，教育工学

主な著書・論文：
瞬目の心理学と教育への応用―瞬目を用いた学習評価―（単著：風間書房），ビデオゲームに関する心理学的研究―ゲームプレイヤーの心理状態とボタン操作行動を中心に―（単著：風間書房），課題困難度と瞬目活動に関する研究（単著：風間書房），教育方法論（共著：一藝社），未習熟者群および習熟者群のビデオゲーム操作活動と時間経過との関連（デジタルゲーム学研究），ビデオゲームプレイヤーの心理状態とコントローラのボタン操作行動の分析（デジタルゲーム学研究），ビデオゲームプレイヤーの操作行動が脈波のカオス解析による心理状態と主観的感情に及ぼす影響（デジタルゲーム学研究），二重課題における注意資源配分が瞬目と精神テンポでのタッピングに及ぼす影響（教育システム情報学会誌），ワーキングメモリの負荷が瞬目活動に及ぼす影響（日本教育工学会論文誌），瞬目を指標とした「ハノイの塔」問題解決時の課題困難度と注意の評価（日本教育工学会論文誌），連立方程式の解答に伴う瞬目と心拍の変化（日本教育工学会論文誌），コンピュータディスプレイ上の平仮名文字の読みやすさと瞬目活動との関係（教育システム情報学会誌）

ビデオゲームプレイヤーの心理学とゲーム・リテラシー教育

2016年8月31日　初版第1刷発行

著　者　　小　孫　康　平

発行者　　風　間　敬　子

発行所　　株式会社　風　間　書　房

〒101-0051　東京都千代田区神田神保町 1-34
電話 03(3291)5729　FAX 03(3291)5757
振替 00110-5-1853

印刷　太平印刷社　　製本　高地製本所

©2016　Yasuhira Komago　　　　　　　　NDC 分類：140
ISBN978-4-7599-2141-0　Printed in Japan
ⱼCOPY〈㈳出版者著作権管理機構　委託出版物〉